Lleoliadau Cyferbyniol

Golwg ar... Cymru

Sioned Hughes a Colin Isaac

@ebol

Cyhoeddwyd yn 2013 gan Atebol Cyfyngedig, Adeiladau'r Fagwyr, Llandre, Aberystwyth, Ceredigion SY24 5AQ
www.atebol.com

ISBN: 978-1-908574-96-1

Golygwyd gan Colin Isaac a Ffion Eluned Owen
Deunydd ychwanegol gan Colin Isaac, Ffion Eluned Owen a Glyn Saunders Jones

Gweithgareddau rhyngweithiol wedi eu paratoi gan Colin Isaac a Nudd Lewis

Dyluniwyd gan Ceri Jones, **stiwdio@ceri-talybont.com**
Mapiau gan Alison Davies, **www.themappingcompany.co.uk**
Noddwyd gan Lywodraeth Cymru

Cydnabyddiaethau a hawlfraint

Hoffai'r cyhoeddwyr ddiolch i'r canlynol am eu caniatâd i atgynhyrchu'r lluniau a'r deunydd hawlfraint yn y llyfr hwn. Mae pob ymdrech wedi'i wneud i ganfod perchenogion hawlfraint y deunydd a ddefnyddiwyd yn y llyfr hwn. Bydd unrhyw ganiatâd hawlfraint sydd heb ei gynnwys gan y cyhoeddwyr yn yr argraffiad hwn yn cael ei gydnabod mewn ail argraffiad.

Alamy: 3 (chwith isaf), 40 (chwith isaf); **©APC Arfordir Penfro**: 33 (logo); **©APC Bannau Brycheiniog**: 6 (dde uchaf), 30 (canol dde), 32 (pob llun), 35 (dde); **©Awdurdod Parc Cenedlaethol Eryri (APCE)**: 5 (canol dde), 6 (chwith uchaf, canol dde), 30 (dde uchaf), 31 (logo); **Comisiwn Coedwigaeth Cymru**: 39 (dde); **Dafydd Saunders Jones**: 24 (chwith), 44 (dde isaf); **Degtyaryov Andrey/Shutterstock.com**: 29 (chwith isaf); **Ffion Eluned Owen**: 8 (chwith isaf); **Getty Images**: 4 (chwith isaf); **Halen Môn/Anglesey Sea Salt**: 27 (canol dde); **©Hawlfraint y Goron: Comisiwn Brenhinol Henebion Cymru**: 22 (uchaf); **Hufenfa De Arfon Wales**: 27 (chwith uchaf); **Iestyn Hughes**: 6 (dde isaf), 7 (4 uchaf), 10 (canol dde), 11 (canol chwith, chwith isaf), 12 (canol dde, canol chwith), 13 (pob llun), 14 (prif lun), 16 (chwith isaf, dde isaf), 19 (canol dde), 23 (dde, chwith isaf), 28 (isaf), 45 (prif lun), 46 (prif lun); **Ifor Williams Trailers Limited**: 25 (chwith); **Llaeth y Llan Cyf/Village Dairy Ltd**: 27 (canol chwith); **Melin Tregwynt**: 25 (dde uchaf); **Pen-y-Dre Farm**: 26 (prif lun); **Photo Library Wales**: 4 (canol dde), 7 (chwith isaf), 8 (canol dde), 10 (chwith isaf), 17 (dde uchaf, chwith isaf), 19 (prif lun, canol), 22 (isaf), 23 (chwith uchaf), 27 (dde uchaf), 29 (prif lun), 33 (canol dde), 36 (chwith isaf), 43 (canol), 44 (canol dde, chwith isaf), 45 (isaf), 42 (prif lun); **Tomos Watkin Award Winning Brewery**: 27 (chwith isaf); **Thor Jorgen Udvand/Shutterstock.com**: 29 (canol dde); **Urdd Gobaith Cymru**: 14 (3 chwith), 15 (pob llun), 16 (prif lun), 18 (pob llun), 21 (pob llun), 41 (pob llun).

Hoffai'r cyhoeddwyr hefyd ddiolch i **©Hawlfraint y Goron (2013) Visit Wales**.

Cymru

Ble mae Cymru?

Cwestiwn Allweddol 1

Ble yn y byd mae Cymru?

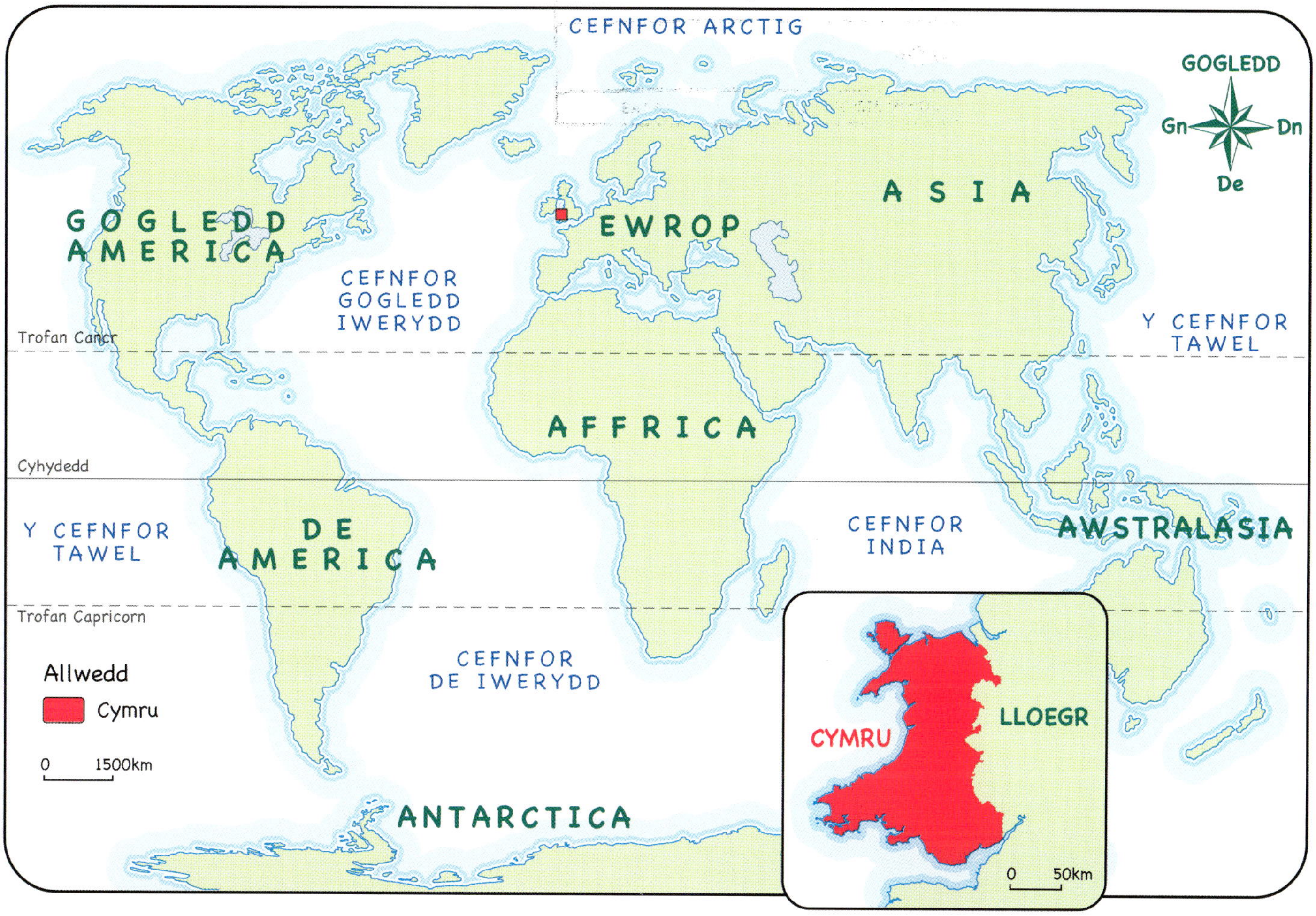

CEFNFOR ARCTIG
GOGLEDD
Gn
Dn
De
GOGLEDD AMERICA
EWROP
ASIA
CEFNFOR GOGLEDD IWERYDD
Y CEFNFOR TAWEL
Trofan Cancr
AFFRICA
Cyhydedd
Y CEFNFOR TAWEL
DE AMERICA
CEFNFOR INDIA
AWSTRALASIA
Trofan Capricorn
Allwedd
Cymru
0 1500km
CEFNFOR DE IWERYDD
CYMRU
LLOEGR
ANTARCTICA
0 50km

Gweithgaredd

1. Gan ddefnyddio'r map uchod a/neu atlas a/neu glôb a/neu Google Earth ar y we, disgrifiwch leoliad Cymru mewn perthynas â'r byd.
2. Disgrifiwch leoliad Cymru mewn perthynas ag Ewrop. (Beth yw'r gwledydd agosaf?)
3. Disgrifiwch leoliad eich ardal leol mewn perthynas â Chymru. (Pa ran o Gymru? Beth yw'r pentrefi a'r trefi sydd agosaf at eich ardal leol?) Gallwch ddefnyddio map i'ch helpu.

Cymru
Ble mae Cymru?

Ble mae Cymru yn y Deyrnas Unedig?

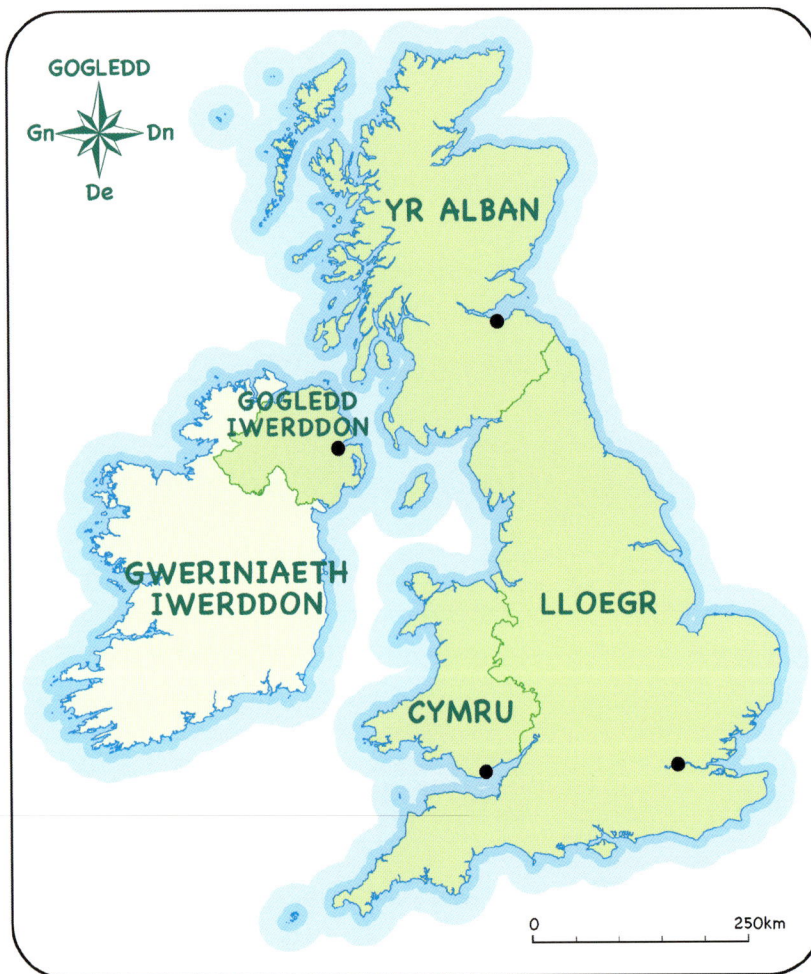

Creu'r Deyrnas Unedig

Mae 4 gwlad yn y Deyrnas Unedig - Cymru, Lloegr, Yr Alban a Gogledd Iwerddon. Cafodd y 4 gwlad eu huno â'i gilydd ar adegau gwahanol. Cafodd Cymru a Lloegr eu huno yn Oes y Tuduriaid gan Harri'r VIII. Cafodd yr Alban ei hychwanegu yn 1707. Daeth Gogledd Iwerddon yn rhan o'r Deyrnas Unedig yn 1921.

Eisteddfod Genedlaethol Cymru

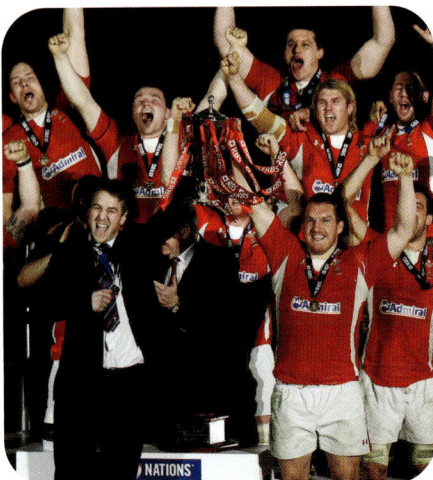

Gweithgaredd

1 Gwnewch ymchwil i ddarganfod ym mha flwyddyn y cafodd Cymru a Lloegr eu huno â'i gilydd.
2 Defnyddiwch lyfrau a/neu y rhyngrwyd i ddarganfod baneri pedair gwlad y Deyrnas Unedig. Copïwch y baneri.
3 Disgrifiwch leoliad Cymru mewn perthynas â'r Deyrnas Unedig.
4 Mae lleoliad prifddinasoedd pedair gwlad y Deyrnas Unedig yn cael eu dangos ar y map. Enwch bob un o'r prifddinasoedd hyn. Defnyddiwch lyfrau a/neu y rhyngrwyd i ddarganfod poblogaeth pob prifddinas. Yna rhowch y dinasoedd hyn yn nhrefn maint y boblogaeth.

Tîm rygbi cenedlaethol Cymru yn dathlu

Cymru

Pa fath o le yw Cymru?

Pa fath o dirwedd sydd gan Gymru?

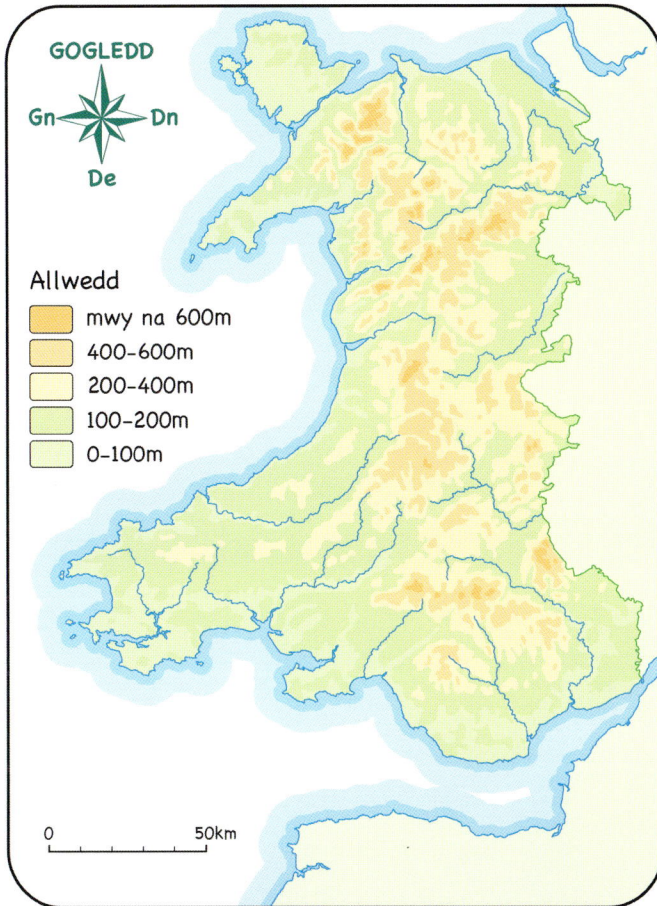

Mae Cymru yn wlad fynyddig gyda llawer o'r tir yn uwch na 150 metr. Yng ngogledd Cymru mae'r Wyddfa, sef mynydd uchaf Cymru a Lloegr, yn 1085 metr. Yn ne Cymru mae Pen y Fan, sef mynydd uchaf Bannau Brycheiniog, yn 886 metr.

Llyn Mymbyr a Phedol Yr Wyddfa

Gweithgaredd

1 Trafodwch gyda phartner sut mae'r tirwedd yn effeithio arnoch chi a'ch ffordd o fyw (Ydych chi'n byw mewn ardal wledig neu ardal drefol? Sut ydych chi'n teithio? Ydy'r tirwedd yn effeithio ar yr hyn rydych chi'n ei wneud?)

2 Ysgrifennwch eich syniadau ar nodiadau *Post-it*. Yna cymharwch eich nodiadau chi â nodiadau plant eraill mewn trafodaeth grŵp neu drafodaeth ddosbarth. Defnyddiwch y nodiadau i greu map meddwl am sut mae'r tirwedd yn effeithio ar ein bywydau.

Caernarfon a mynyddoedd Eryri

Cymru

Pa fath o le yw Cymru?

Pa nodweddion naturiol sydd yng Nghymru?

Nodweddion sydd wedi cael eu creu gan brosesau naturiol yw nodweddion naturiol, e.e. clogwyn.

Gweithgaredd

1 Enwch y nodweddion naturiol yn y lluniau ar y dudalen hon.
2 RHYNGWEITHIOL: Bydd eich athro/athrawes yn rhoi rhestr o ddiffiniadau nodweddion naturiol ac enwau nodweddion naturiol i chi. Cysylltwch bob diffiniad â'r enw cywir.
3 Rhestrwch 3 nodwedd naturiol sydd yn eich ardal leol. Sut mae'r rhain yn effeithio ar y ffordd mae pobl yn byw?

Cymru

Pa fath o le yw Cymru?

Pa nodweddion dynol sydd yng Nghymru?

Nodweddion wedi'u hadeiladu gan bobl yw nodweddion dynol, e.e. eglwys.

Gweithgaredd

1 Enwch y nodweddion dynol sy'n cael eu dangos yn y lluniau ar y dudalen hon.
2 Rhestrwch 5 nodwedd ddynol arall nad ydynt yn cael eu dangos yn y lluniau hyn.
3 Enwch nodweddion dynol sydd yn eich ardal leol.
4 Defnyddiwch y daflen a gewch gan eich athro/athrawes i ysgrifennu paragraff yn disgrifio nodweddion dynol eich ardal leol.

Cymru

Pa fath o le yw Cymru?

Pa fath o dywydd sydd yng Nghymru?

Castell Caerffili

Mae'r tywydd yng Nghymru yn gyfnewidol iawn. Mae'n bosibl cael glaw bob mis o'r flwyddyn ond fel arfer y misoedd o Hydref i Ionawr ydy'r misoedd mwyaf gwlyb.
Mae hi'n fwy sych o amgylch yr arfordir ac yn fwy gwlyb ar y mynyddoedd.

Mae pobl yng Nghymru yn cwyno am y glaw, ond nid yw'r tywydd yng Nghymru mor wlyb ag yw mewn rhai o ardaloedd eraill y byd. Nid yw Cymru yn cael y tywydd eithafol mae rhai gwledydd yn ei gael (e.e. gwlyb iawn neu sych iawn am gyfnodau hir).

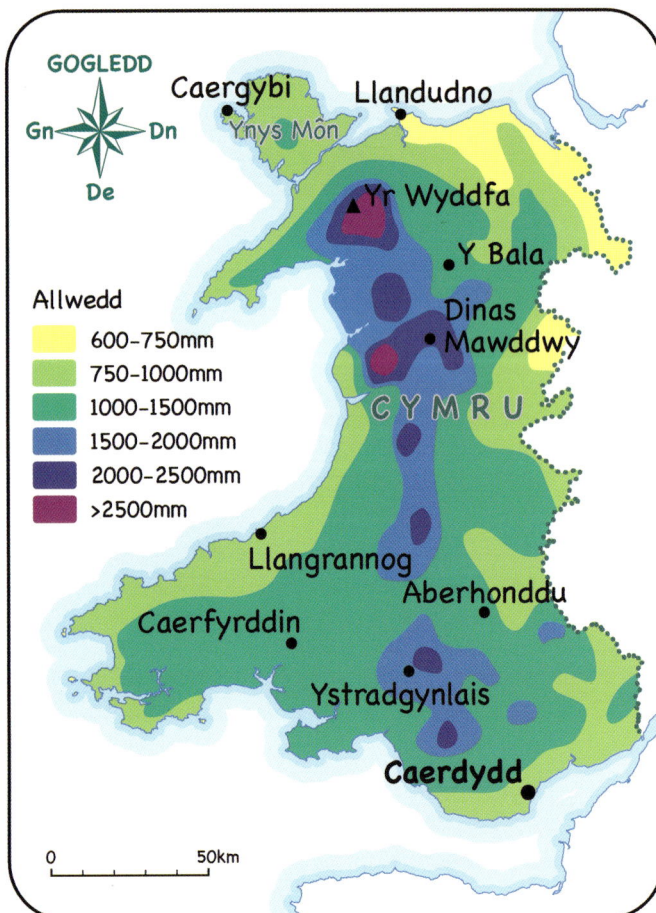

GOGLEDD
Gn — Dn
De

Caergybi
Ynys Môn
Llandudno
▲ Yr Wyddfa
Y Bala
Dinas Mawddwy
CYMRU
Llangrannog
Aberhonddu
Caerfyrddin
Ystradgynlais
Caerdydd

Allwedd
- 600–750mm
- 750–1000mm
- 1000–1500mm
- 1500–2000mm
- 2000–2500mm
- >2500mm

0   50km

Aberystwyth

Gweithgaredd

1. Mae gwahanol leoedd yn cael eu dangos ar y map gyferbyn. Rhestrwch y rhain yn ôl y glawiad maen nhw'n ei gael, gan roi'r lle sydd â'r glawiad uchaf ar ddechrau'r rhestr a'r lle sydd â'r glawiad isaf ar waelod y rhestr.
2. Gan ddefnyddio'r map a ffynonellau eraill, casglwch wybodaeth am y glawiad yn eich ardal leol. Paratowch graff neu dabl i ddangos maint y glawiad mae eich ardal leol yn ei gael bob blwyddyn. Defnyddiwch y wybodaeth hon i ddangos y misoedd mwyaf gwlyb a mwyaf sych yn eich ardal.
3. HER: Mae rhai ardaloedd yng Nghymru yn cael mwy o law na'i gilydd. Awgrymwch ddau reswm dros hyn.

Cymru
Pa fath o le yw Cymru?

Pa fath o dywydd sydd yng Nghymru?

Cyfartaleddau tywydd Cymru:	Ion	Chw	Maw	Ebr	Mai	Meh	Gor	Awst	Medi	Hyd	Tach	Rhag
Tymheredd (°C)	4.5	4.4	6.0	8.0	11.1	14.0	16.0	15.9	14.0	11.2	7.4	5.6
Glawiad (mm)	90.6	64.3	73.3	52.3	62.3	64.6	69.0	76.6	82.5	92.7	98.1	94.5

Gweithgaredd

Astudiwch y tabl uchod.
Darganfyddwch:
a) y tri mis mwyaf gwlyb;
b) y tri mis mwyaf sych;
c) y tri mis mwyaf cynnes;
ch) y tri mis mwyaf oer.
Defnyddiwch ddata o'r tabl i gefnogi eich atebion.

Rheilffordd yr Wyddfa yn y niwl

	Y Bala	Caergybi	Llangrannog	Caerdydd
Tymheredd cyfartalog uchaf (°C)	12.3	15.0	12.3	13.5
Tymheredd cyfartalog isaf (°C)	4.3	5.5	7.1	6.8
Glawiad blynyddol cyfartalog (mm)	1100	790	870	983

Gweithgaredd

Astudiwch y tabl uchod.
1 (a) Pa leoliad sydd â'r glawiad blynyddol cyfartalog uchaf? (b) Pa leoliad sydd â'r tymheredd cyfartalog uchaf?
2 Bydd eich athro/athrawes yn dangos cartwnau i chi gyda dau berson yn sôn am y tywydd yng Nghymru. Ym mhob achos, dewiswch yr un sy'n gywir yn eich barn chi. Rhowch resymau dros eich dewis.

Gweithgaredd

1 Disgrifiwch y tywydd yn eich ardal leol *heddiw*.
2 HER: Lluniwch ddyddiadur tywydd drwy gofnodi'r tywydd yn eich ardal leol bob dydd dros gyfnod penodol (e.e. mis, tymor neu hyd yn oed flwyddyn).
3 Rhowch enghreifftiau o'r ffordd mae'r tywydd yn newid drwy gydol y flwyddyn a sut mae'r newidiadau hyn yn gallu effeithio ar eich gweithgareddau chi (e.e. beicio, chwaraeon).

Sut mae pobl yn teithio i Gymru?

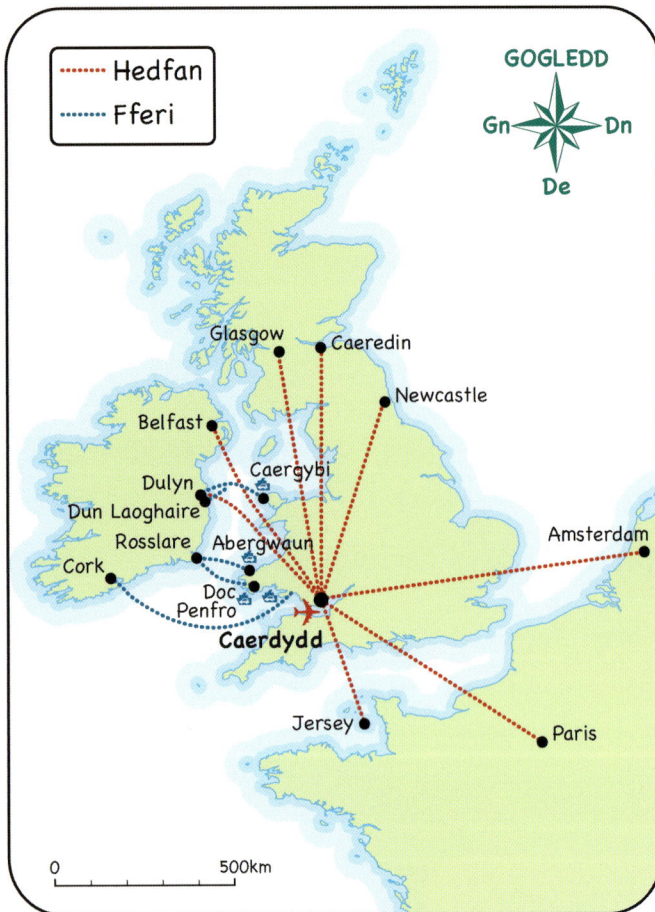

Hedfan
Fferi

GOGLEDD
Gn — Dn
De

Glasgow
Caeredin
Newcastle
Belfast
Caergybi
Dulyn
Dun Laoghaire
Rosslare
Abergwaun
Amsterdam
Cork
Doc
Penfro
Caerdydd
Jersey
Paris

0   500km

Welcome to WALES
Croeso i GYMRU

Stena Line

Gweithgaredd

1 Astudiwch y lluniau.
Rhestrwch y gwahanol
ddulliau o deithio i Gymru.
Rhowch nhw mewn trefn yn ôl yr hyn rydych
chi'n ei hoffi, gan ddechrau gyda'ch hoff
ddull.

2 RHYNGWEITHIOL: Atebwch y cwestiwn
rhyngweithiol a gewch gan eich
athro/athrawes am deithio i Gymru.

3 HER: Gwnewch ymchwil er mwyn enwi
cymaint o leoedd ag y gallwch sydd â
theithiau hedfan rheolaidd yn uniongyrchol i
Gaerdydd.

Sut mae pobl yn teithio yng Nghymru?

Map o Gymru

- Traffordd
- Ffordd Ddeuol
- Ffordd A
- Rheilffordd
- Fferi

GOGLEDD

Dulyn a Dun Laoghaire
Caergybi
Llandudno
Bangor
Llanelwy
Y Bala
Aberystwyth
CYMRU
Rosslare
Llangrannog
Abergwaun
Aberhonddu
Tyddewi
Rosslare
Doc Penfro
Abertawe
Casnewydd
Cork
Maes Awyr Caerdydd
Caerdydd

0   50km

Gweithgaredd

1 Mae rhai plant o'ch ysgol chi yn mynd i wersyll yr Urdd yng Nghaerdydd. Awgrymwch wahanol ffyrdd o deithio yno. Pa un sydd orau yn eich barn chi?

2 Mae plant eraill o'ch ysgol chi yn mynd i wersyll yr Urdd yn y Bala. Awgrymwch wahanol ffyrdd o deithio yno. Pa un sydd orau yn eich barn chi?

3 Awgrymwch fanteision pobl yn defnyddio bysiau yn lle ceir ar gyfer teithiau yng Nghymru. Awgrymwch anfanteision defnyddio bysiau yn lle ceir.

4 HER: Gwnewch arolwg o sut mae pobl yn eich dosbarth/ysgol yn teithio i'r ysgol ac o'r ysgol bob dydd. Dangoswch eich canlyniadau ar siart. Awgrymwch ffyrdd o wneud teithio i'r ysgol ac o'r ysgol yn fwy cynaliadwy.

Cymru
Sut mae pobl yn teithio i Gymru ac yng Nghymru?

Sut mae pobl yn teithio yng Nghymru?

Sut mae pobl yn teithio o Fangor yng ngogledd Cymru i Gaerdydd yn ne Cymru?

Dull teithio	Car	Bws	Trên
Bangor – cychwyn	08.00	09.00	07.06
Caerdydd – cyrraedd	12.18	17.30	11.15
Cyfanswm oriau teithio	4 awr 18 munud	8 awr 30 munud	4 awr 9 munud
Pellter (milltiroedd/km)	185.5 milltir/298.5 km		

Ffordd arall o deithio rhwng gogledd Cymru a de Cymru yw mewn awyren o Ynys Môn i Gaerdydd. Bydd taith hedfan sy'n gadael Ynys Môn am 09.05 yn cyrraedd Caerdydd am 10.00. Ond, wrth gwrs, bydd angen teithio o Fangor i Ynys Môn cyn hedfan ac o faes awyr Caerdydd i ganol dinas Caerdydd.

Gweithgaredd

1 Edrychwch ar y data yn y tabl uchod. Beth yw (a) y ffordd gyflymaf o deithio o Fangor i Gaerdydd a (b) y ffordd fwyaf araf o deithio o Fangor i Gaerdydd? Defnyddiwch ddata i gefnogi eich ateb.

2 Pa ddull teithio sy'n cael yr effaith leiaf ar yr amgylchedd? Eglurwch pam eich bod yn credu hyn.

3 Pa ffactorau eraill, ar wahân i amser, sy'n gallu effeithio ar ddewis pobl o sut i deithio o Fangor i Gaerdydd (neu o Gaerdydd i Fangor)?

4 HER: Gwnewch ymchwil i gymharu costau gwahanol ffyrdd o deithio o Fangor i Gaerdydd. (Cofiwch y bydd costau'n wahanol i geir bach a cheir mawr.)

Cymru

Ble mae pobl yn byw yng Nghymru?

Ble mae Llangrannog?

Mae rhai pobl yn byw mewn ardaloedd gwledig yng Nghymru. Mae rhai pobl yn byw mewn ardaloedd trefol. Mae pobl eraill yn byw mewn ardaloedd ar yr arfordir.

Pentref glan-môr ar arfordir Ceredigion ydy Llangrannog. Datblygodd y pentref gyda'r twf ym masnach y môr. Adeiladwyd sawl llong yn y pentref a hyd at ran gyntaf yr ugeinfed ganrif roedd y rhan fwyaf o ddynion y pentref yn forwyr.

Ffynnon Fair

Roedd pererinion yn dod i'r ffynnon hon i yfed y dŵr. Roedd llawer o bobl yn credu bod y dŵr yn gwella eu hiechyd nhw. Mae'r ffynnon yr un oed â'r pentref.

Y Gerwn

Rhaeadr ydy'r Gerwn. Flynyddoedd yn ôl roedden nhw'n defnyddio'r dŵr i bweru ffatri wlân. Mae enghreifftiau o gynnyrch y ffatri yn Amgueddfa Wlân Cymru, Drefach Felindre, Sir Gaerfyrddin.

Carreg Bica

Darn fawr o graig, neu stac, yng nghanol y môr ydy Carreg Bica. Roedd yn rhan o'r arfordir flynyddoedd yn ôl cyn i'r môr ymosod arno. Mae rhai pobl yn galw Carreg Bica yn 'ddant y Cawr Bica' - poerodd y cawr y dant allan ar ôl dioddef o'r ddannoedd!

Eglwys Sant Carannog

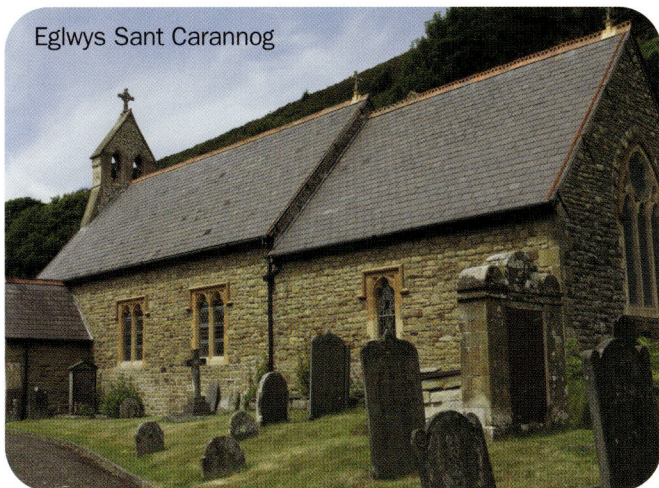

Carreg Bica a'r cerflun o Sant Carannog

Eglwys Sant Carannog

Cafodd yr eglwys ei hadeiladu o bren tua 500 O.C. Mae bedd Cranogwen ar ochr ogleddol y fynwent uwchben yr eglwys.

Gweithgaredd

Mewn grwpiau bach chwiliwch am wybodaeth am Sarah Jane Rees (Cranogwen). Pwy oedd hi? Pryd oedd hi'n byw? Ble oedd hi'n byw? Beth wnaeth hi? Pam mae pobl yn dal i gofio amdani? Ysgrifennwch baragraff yn rhoi gwybodaeth amdani.

Cymru
Ble mae pobl yn byw yng Nghymru?

Beth arall sydd yn Llangrannog?

Gwersyll yr Urdd
Llangrannog

Mae un o wersylloedd yr Urdd yn Llangrannog. Gwersyll yr Urdd Llangrannog yw un o'r prif ganolfannau aros (preswyl) yng Nghymru. Mae miloedd o blant yn mynd yno bob blwyddyn.

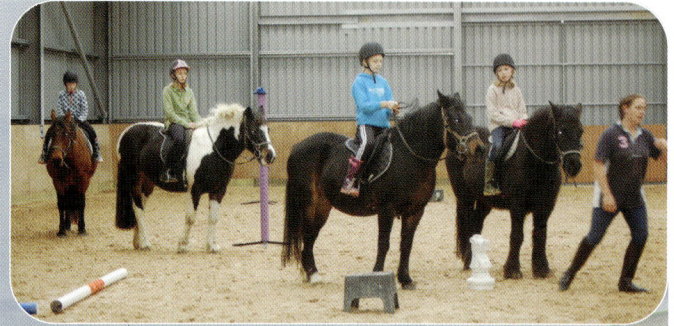

Gweithgaredd

1 Gan ddefnyddio'r lluniau a'r sylwadau ar y dudalen hon a'r dudalen nesaf a/neu wefan y gwersyll a/neu yr hyn y gallwch chi ei gofio am y gwersyll os ydych chi wedi bod yno, rhestrwch 7 gweithgaredd y gall plant eu gwneud yn y gwersyll.

2 Bydd eich athro/athrawes yn rhoi rhestr i chi o 10 o'r gweithgareddau hyn. Yn unigol, rhestrwch nhw mewn trefn yn ôl yr hyn rydych chi'n ei hoffi. Yna rhowch eich rhestri i'ch athro/athrawes, fel y gall rhestr y dosbarth gael ei hysgrifennu.

3 Bydd eich athro/athrawes yn rhoi dyddiadur i chi yn rhoi hanes ymweliad plentyn â'r gwersyll. Atebwch y cwestiynau y bydd eich athro/athrawes yn eu rhoi i chi am gynnwys y dyddiadur hwn.

4 Ysgrifenwch ddyddiadur ar gyfer un wythnos o'ch tymor ysgol presennol neu un wythnos o'ch gwyliau ysgol nesaf.

Cymru

Ble mae pobl yn byw yng Nghymru?

Beth arall sydd yn Llangrannog?

Mae Llangrannog mor wahanol i Ferthyr, lle rydw i'n byw. Mae'r arfordir yn drawiadol ac mae'r bywyd gwyllt yno yn arbennig iawn. Rydw i wedi gweld y Dolffin Trwynbwl *(Bottlenose)* sy'n arbennig i Fae Ceredigion.

Dw i wrth fy modd yn dod i Wersyll yr Urdd yn Llangrannog gyda fy ffrindiau. Mae'n lle gwych i ymarfer fy Nghymraeg.

Aeth fy ffrind a minnau am dro ar gefn ceffylau ddydd Mercher. Cawson ni amser ffantastig yn marchogaeth, yn bwydo ac yn trin y ceffylau.

Mae Llangrannog yn grêt! Dw i'n mwynhau bod gyda ffrindiau ar y llethr sgïo.

Cymru

Ble mae pobl yn byw yng Nghymru?

Pa fath o le yw Llangrannog heddiw?

Dyma rai o'r pethau sydd i'w gweld yn y pentref:

- dwy dafarn – 'Y Pentre' yw un, 'Y Llong' yw'r llall
- dau gaffi/tŷ bwyta – 'Café y Patio' a 'Caban y Traeth' ('Y Gegin Fach' gynt)
- un siop gyffredinol – 'Glynafon'
- Eglwys Sant Carannog

Café y Patio

Siop Glynafon

Gweithgaredd

1 Gwnewch fap neu gynllun syml o bentref Llangrannog. Dangoswch leoliad y lleoedd sydd wedi'u nodi ar y dudalen hon.
2 Cymharwch eich ardal leol â Llangrannog.

16

Cymru

Ble mae pobl yn byw yng Nghymru?

Ble mae'r Bala?

Mae rhai pobl yn byw mewn trefi yng Nghymru. Tref yng Ngwynedd yng ngogledd-orllewin Cymru yw'r Bala. Mae'n 17 milltir (27 km) i'r gogledd-ddwyrain o Ddolgellau ac mae ym Mharc Cenedlaethol Eryri. Os ydy rhywun eisiau cyrraedd y Bala o Faes Awyr Rhyngwladol Manceinion mae'n daith 1½ awr mewn car.

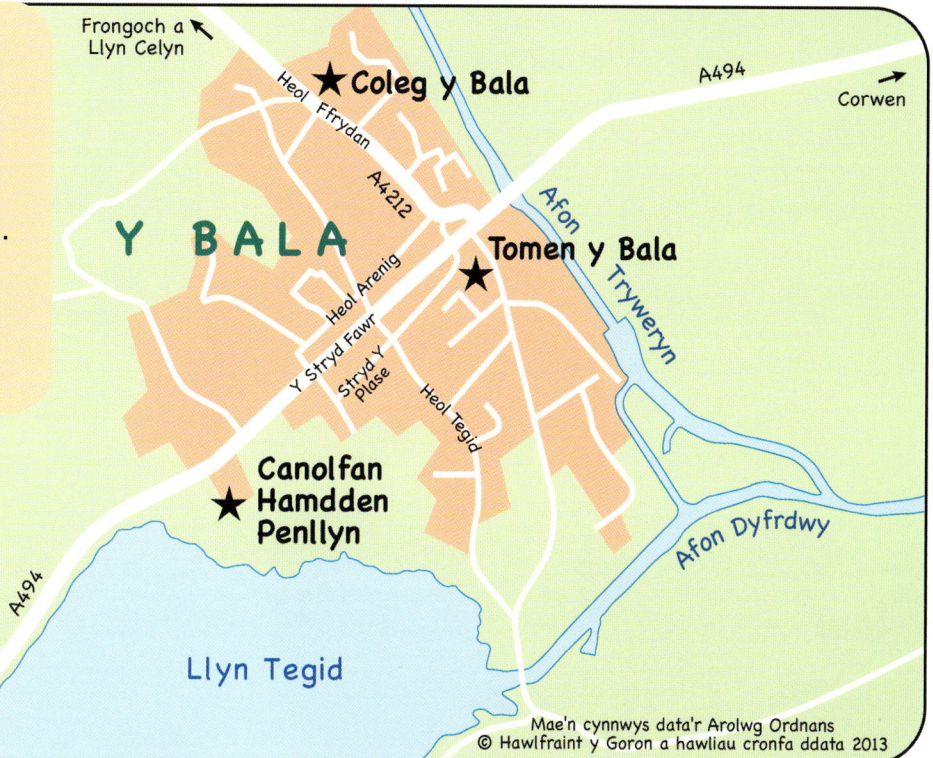

Frongoch a Llyn Celyn

Heol Ffrydan

★ Coleg y Bala

A494

Corwen

A4212

Y BALA

Afon Tryweryn

Heol Arenig

Tomen y Bala ★

Y Stryd Fawr

Stryd Y Plase

Heol Tegid

Canolfan Hamdden Penllyn ★

Afon Dyfrdwy

GOGLEDD

Gn — Dn

De

0   500m

A494

Gwersyll Glan Llyn a Dolgellau ↘

Llyn Tegid

Mae'n cynnwys data'r Arolwg Ordnans
© Hawlfraint y Goron a hawliau cronfa ddata 2013

Y Bala a Llyn Tegid

Mae'r Bala yn enwog am ei chyfleusterau chwaraeon dŵr, pysgota, cerdded, beicio a rheilffordd stêm rhwng y Bala a Llanuwchllyn.

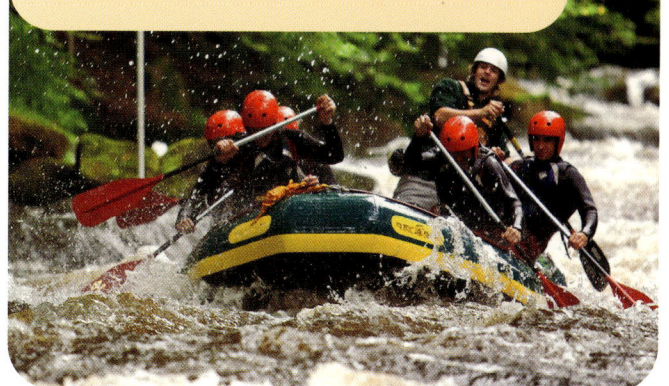

Afon Tryweryn

Llyn Tegid yw'r llyn naturiol mwyaf yng Nghymru. Mae math unigryw o bysgod yno sef y Gwyniad, math o bennog dŵr croyw.

Gweithgaredd

Lluniwch boster i ddenu teulu sydd â phlant, rhieni, taid a nain i ymweld â'r Bala.

Cymru

Ble mae pobl yn byw yng Nghymru?

Beth arall sydd yn y Bala?

Gwersyll yr Urdd
Glan-llyn

Mae un o wersylloedd yr Urdd sef Gwersyll Glan-llyn wedi'i leoli ar lannau deheuol Llyn Tegid. Mae'n ganolfan addysg awyr agored sy'n trefnu cyrsiau addysgol i ysgolion a cholegau a gwyliau i blant, pobl ifanc a theuluoedd. Mae llawer o blant a phobl ifanc yn mynd i'r gwersyll i gael hyfforddiant ac i gymryd rhan mewn chwaraeon dŵr a gweithgareddau awyr agored.

Gweithgaredd

1 Edrychwch ar y wefan **www.urdd.org/glan-llyn** a rhestrwch y 10 rheswm sy'n cael eu rhoi dros fynd i wersyll Glan-llyn.
2 Rhestrwch weithgareddau mae plant yn gallu eu gwneud yng ngwersyll Glan-llyn.
3 Trefnwch y gweithgareddau hyn ar y daflen graddio diemwnt y bydd yr athro yn ei rhoi i chi er mwyn dangos y drefn yn ôl yr hyn rydych chi'n ei hoffi.

Cymru

Ble mae pobl yn byw yng Nghymru?

Beth yw dinas?

Mae rhai pobl yn byw mewn **dinasoedd** yng Nghymru.

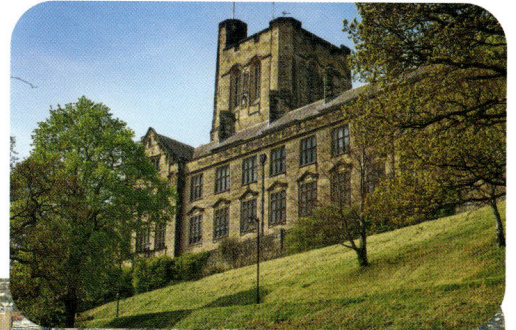

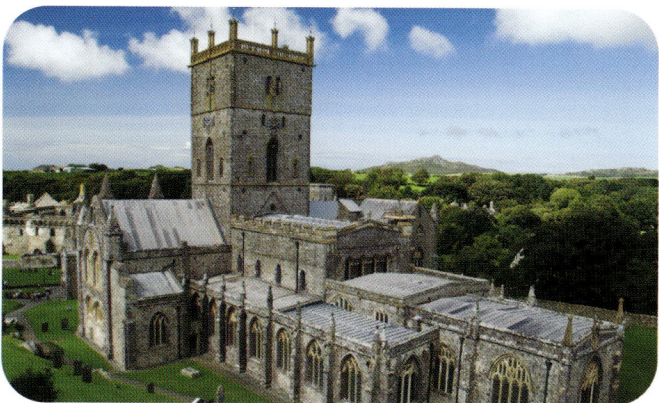

Gweithgaredd

1 Enwch bob un o ddinasoedd Cymru sy'n cael eu dangos yn y lluniau ar y dudalen hon.
2 RHYNGWEITHIOL: Ble mae dinasoedd Cymru wedi'u lleoli? Dangoswch hyn ar y map rhyngweithiol o Gymru. Pa mor agos oeddech chi at y lleoliadau cywir?
3 Beth sy'n gwneud dinas? Rhestrwch yr amodau sy'n gorfod cael eu bodloni er mwyn bod yn ddinas.
4 Pam mae'n well gan rai pobl fyw mewn dinasoedd ac ardaloedd trefol yn hytrach nag ardaloedd gwledig?
5 Pam mae'n well gan rai pobl fyw mewn ardaloedd gwledig yn hytrach na dinasoedd ac ardaloedd trefol?

Cymru

Ble mae pobl yn byw yng Nghymru?

Pa fath o le yw Caerdydd?

Mae llawer o bobl Cymru yn byw yng Nghaerdydd, prifddinas Cymru.

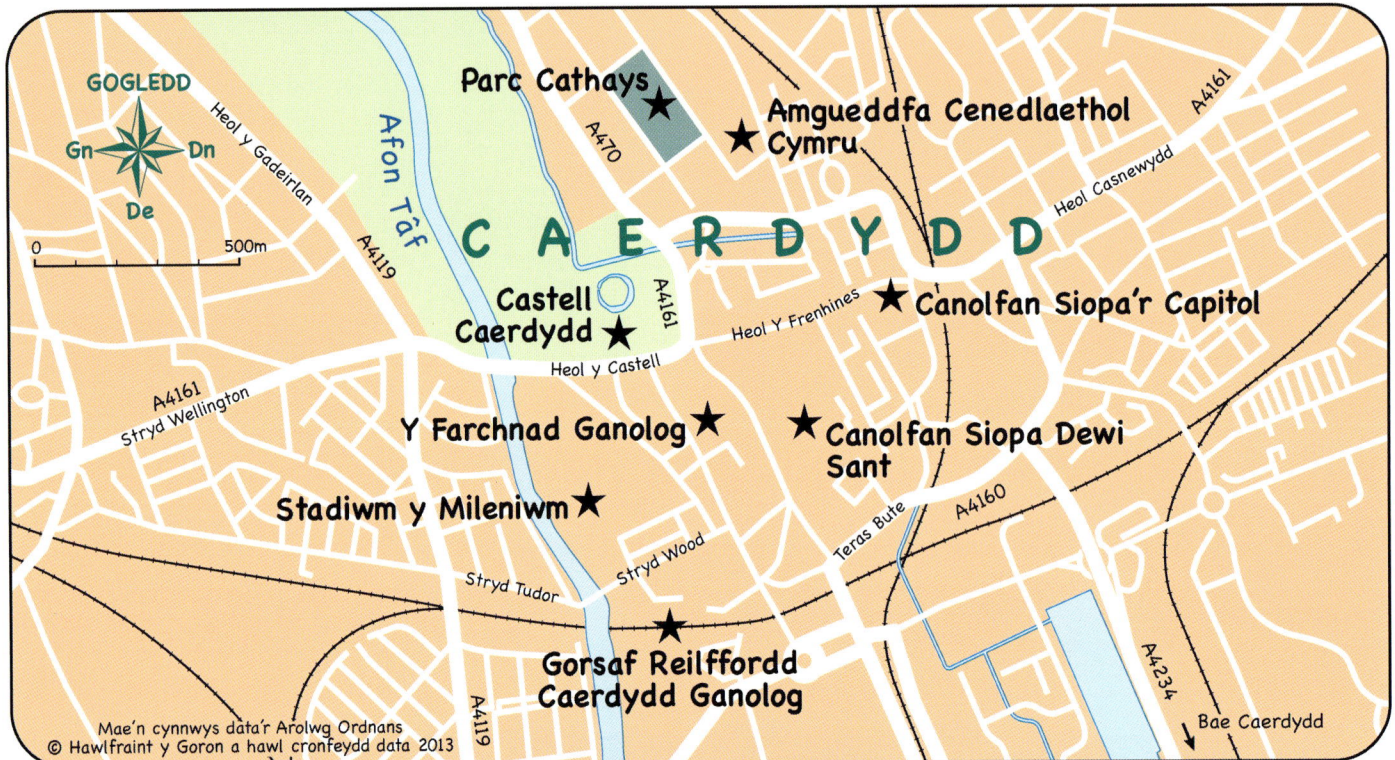

GOGLEDD
Gn — Dn
De
0   500m

Heol y Gadeirlan
Afon Tâf
A470
A4119
A4161

Parc Cathays
Amgueddfa Cenedlaethol Cymru

C A E R D Y D D

Heol Casnewydd

Castell Caerdydd
Heol y Castell
Heol Y Frenhines
A4161

Canolfan Siopa'r Capitol

A4161
Stryd Wellington

Y Farchnad Ganolog
Canolfan Siopa Dewi Sant

Stadiwm y Mileniwm
Teras Bute
A4160

Stryd Tudor   Stryd Wood

A4119

Gorsaf Reilffordd Caerdydd Ganolog

A4234

Bae Caerdydd

Mae'n cynnwys data'r Arolwg Ordnans
© Hawlfraint y Goron a hawl cronfeydd data 2013

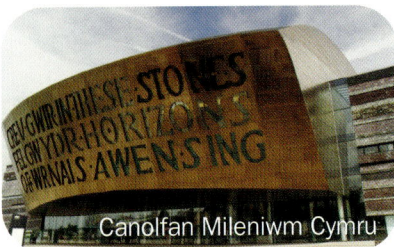

Canolfan Mileniwm Cymru

Neuadd y Ddinas a'r Amgueddfa Genedlaethol

Castell Caerdydd

Gweithgaredd

1 Gan ddefnyddio'r map uchod, llyfrau a gwefannau, rhowch ddisgrifiad o ddinas Caerdydd.

2 Rhowch resymau o blaid ac yn erbyn dewis Caerdydd i fod yn brifddinas Cymru.

Cymru
Ble mae pobl yn byw yng Nghymru?

Gwersyll yr Urdd
Caerdydd

Ble mae Gwersyll yr Urdd, Caerdydd?

Mae gwersyll arall gan yr Urdd yng Nghanolfan Mileniwm Cymru yng Nghaerdydd. Mae lle i 153 o bobl aros yno mewn ystafelloedd *en-suite* ac mae cyfle i ymweld â phob math o leoedd yn y ddinas ac yn yr ardal o'i hamgylch.

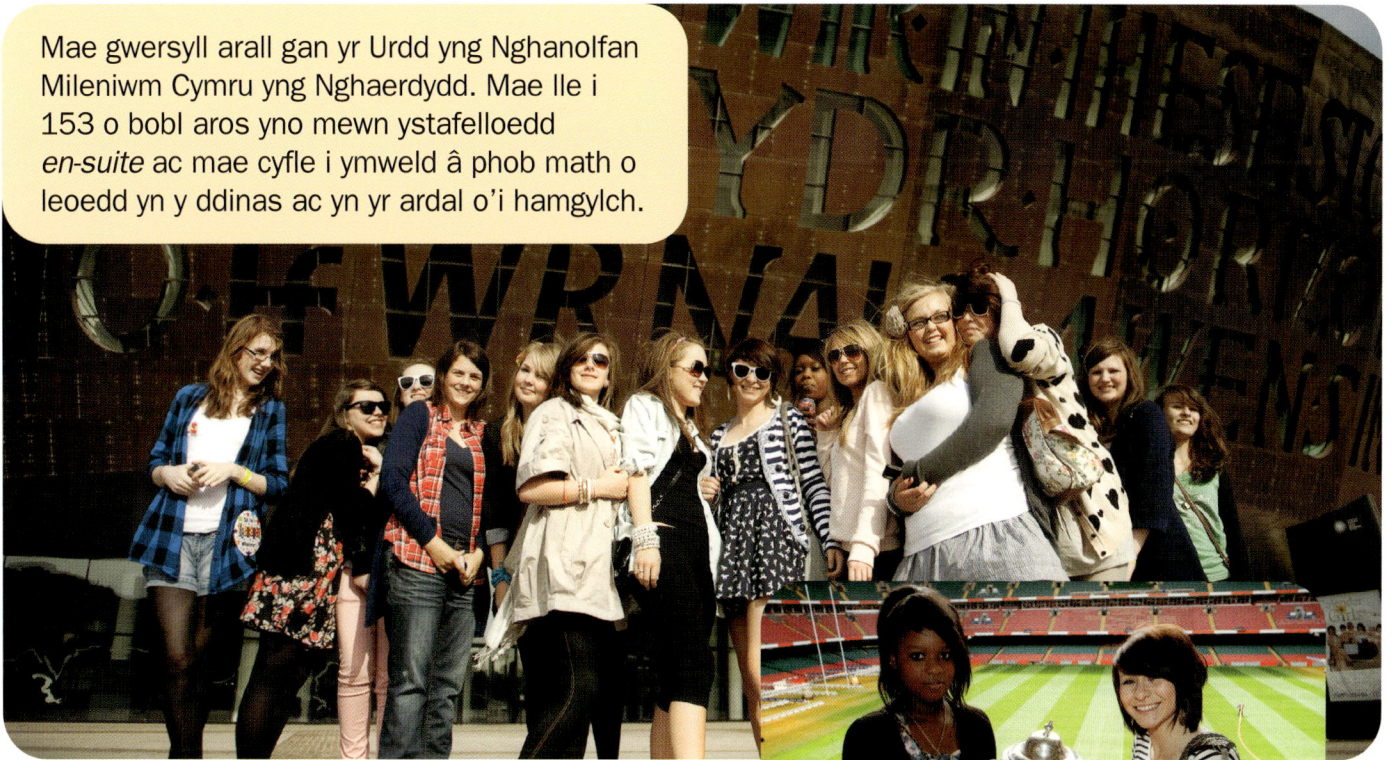

Mwynhau o flaen y Senedd

Ymweld â Stadiwm y Mileniwm

Gweithgaredd

1 Gwnewch fap neu gynllun syml i ddangos lleoliad Canolfan y Mileniwm ym Mae Caerdydd. Dangoswch adeiladau pwysig eraill a lleoedd diddorol i'w gweld. Am ragor o wybodaeth edrychwch ar wefan yr Urdd **www.urdd.org/caerdydd**

2 Lluniwch boster yn dangos yr atyniadau ym Mae Caerdydd. Defnyddiwch linfapiau a lluniau i wneud yn siŵr y bydd y poster yn denu pobl i'r ardal.

3 Lluniwch boster tebyg yn dangos lleoedd diddorol a phethau i'w gwneud yn eich ardal leol.

Sut mae Caerdydd wedi newid?

Mae Caerdydd wedi newid cryn dipyn dros y blynyddoedd. Mae nifer o bobl sy'n byw yng Nghaerdydd heddiw wedi gweld llawer o newidiadau a datblygiadau yno yn ystod eu hoes.

Bae Caerdydd yn 1925

Bae Caerdydd heddiw

Cymru

Ble mae pobl yn byw yng Nghymru?

Sut mae Caerdydd wedi newid?

Canol y ddinas ar ei newydd wedd

Yr olygfa o Gastell Caerdydd

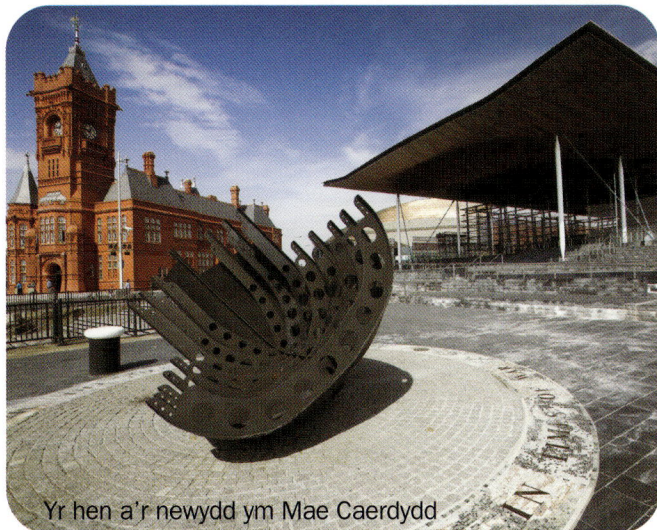

Yr hen a'r newydd ym Mae Caerdydd

Agorwyd Stadiwm y Mileniwm, stadiwm cenedlaethol Cymru, yn 1999

Gweithgaredd

1 Edrychwch ar y 2 lun ar dudalen 22 sy'n dangos rhai o'r newidiadau sydd wedi digwydd yng Nghaerdydd. Rhestrwch y gwahaniaethau y gallwch chi eu gweld.

2 Os ydych chi wedi bod yng Nghaerdydd erioed, sut gwnaethoch chi deithio yno? Beth wnaethoch chi yno?

3 HER: Mae gennych gyfle i fynd i Gaerdydd y penwythnos nesaf. Edrychwch ar y lluniau ar y DVD a threfnwch bethau i'w gwneud yn ystod y penwythnos.

Cymru

Ble mae pobl yn gweithio yng Nghymru?

Ffermio

Er bod llai o bobl yn ffermio heddiw, mae ffermio yn bwysig yng Nghymru. Mae rhai pobl yn ffermio defaid a gwartheg. Mae ffermwyr eraill yn magu moch neu eifr. Mae rhai hyd yn oed yn cadw anifeiliaid mwy egsotig fel y lama a'r gwanaco!

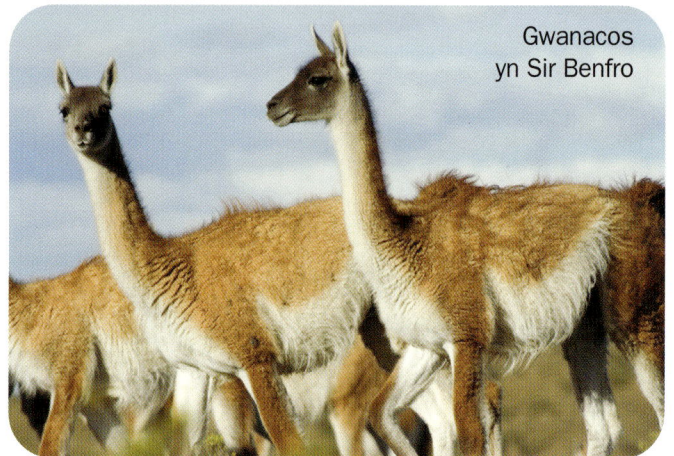

Gwanacos yn Sir Benfro

Heddiw, mae llawer o ffermydd yng Nghymru yn fwy eu maint, gyda ffermydd bach yn cael eu huno â ffermydd mawr. Mae angen tractorau ac offer ffermio mwy eu maint i ffermio'r ffermydd mawr.

Gweithgaredd

1 Rhestrwch y gwahanol fathau o ffermio sydd yng Nghymru. Os oes ffermydd yn eich ardal leol, pa fath o ffermydd ydyn nhw?

2 Defnyddiwch y rhyngrwyd a/neu lyfrau i ddarganfod sut mae ffermio wedi newid yng Nghymru dros y blynyddoedd. Sut bydd ffermio'n newid yn y dyfodol yn eich barn chi?

Cynaeafu silwair

Cymru

Ble mae pobl yn gweithio yng Nghymru?

Ffermio

Defaid

Mae llawer o ffermydd defaid yng Nghymru. Mae'r rhain yn darparu gwlân a chig oen Cymreig sy'n enwog ledled y byd. Yn wreiddiol, roedd pobl yn trin y gwlân yn eu cartrefi ac yna'n ei ddefnyddio i wneud dillad.

Roedd melinau hefyd yn defnyddio'r gwlân. Fel arfer roedd y melinau'n agos at afonydd. Roedd dŵr o'r afon yn troi'r olwyn ac yna roedd yr olwyn yn troi'r peiriannau yn y felin.

Mae melinau Cymru yn wahanol iawn heddiw. Er enghraifft, mae Melin Tregwynt yn Sir Benfro yn gwneud nwyddau tŷ fel clustogau, blancedi, sanau, siacedi, hetiau, sgarffiau a bagiau.

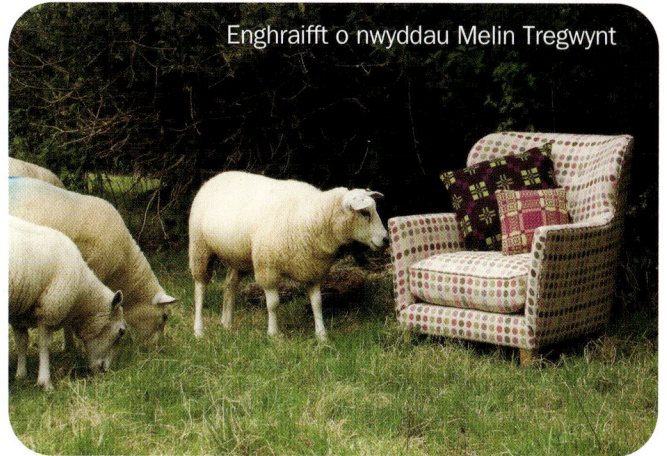

Enghraifft o nwyddau Melin Tregwynt

Cennin Pedr

Mae rhai ffermydd yn Nghymru yn tyfu cnydau gwahanol. Mae rhai ffermwyr yn tyfu blodau fel cennin Pedr. Ger Aberhonddu mae fferm yn tyfu cennin Pedr ar gyfer paratoi moddion newydd.

Trelars

Mae ffermwyr yn cludo eu hanifeiliaid i'r marchnadoedd mewn trelar neu lori. Mae *Ifor Williams Trailers* yn gwmni Cymreig sy'n cynhyrchu trelars ac yn eu gwerthu nhw ledled y byd.

Gweithgaredd

Mae *Ifor Williams Trailers* yn gwerthu trelars ledled y byd. Awgrymwch fanteision gwerthu i wledydd eraill.

Cymru

Ble mae pobl yn gweithio yng Nghymru?

Sut mae rhai ffermydd yn newid?

Mae rhai ffermydd wedi penderfynu ychwanegu at yr hyn maen nhw'n ei wneud neu newid yr hyn maen nhw'n ei wneud. Mae rhai ffermydd wedi addasu adeiladau fferm i ddarparu bythynnod gwyliau ar gyfer ymwelwyr. Mae ffermydd eraill yn darparu Gwely a Brecwast neu gyfleusterau gwersylla ar gyfer ymwelwyr. Mae ymwelwyr yn hoffi aros ar fferm.

Adeiladau fferm wedi eu haddasu yn Y Fenni, Sir Fynwy

Mae rhai ffermwyr yn ffermio mewn modd organig. Mae Cymru'n cynhyrchu cynnyrch llaeth/llefrith a chnydau rhagorol. Caiff y rhain eu gwerthu mewn siopau lleol, uwchfarchnadoedd a marchnadoedd ffermwyr lleol.

Gweithgaredd

Mae eich teulu'n ystyried treulio wythnos o'ch gwyliau haf ar fferm sy'n cadw ymwelwyr.
Rhowch resymau pam byddai hyn yn syniad da yn eich barn chi a rhesymau pam byddai hyn yn syniad gwael yn eich barn chi.

Gweithgaredd

Rhestrwch gwahanol fathau o fwyd organig sy'n cael eu tyfu neu eu cynhyrchu yng Nghymru.

Cymru

Ble mae pobl yn gweithio yng Nghymru?

Sut mae rhai ffermydd yn newid?

Mae'r diwydiant bwyd yn rhan bwysig iawn o economi Cymru ...

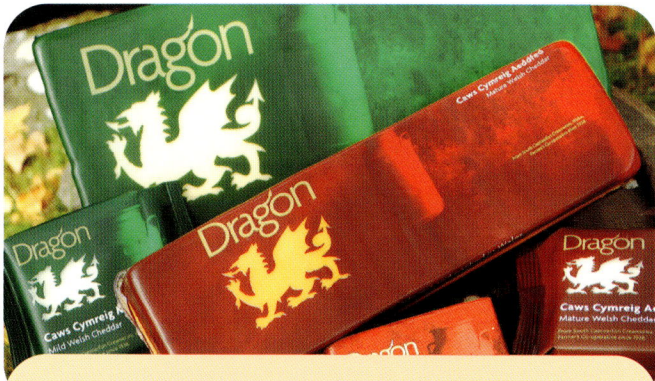

Caws ac iogwrt o Gymru

Mae Hufenfa De Arfon yng ngogledd-orllewin Cymru yn defnyddio llaeth/llefrith o ffermydd lleol i wneud gwahanol fathau o gaws ac yn eu gwerthu dan y label Dragon. Mae teulu yng ngogledd-ddwyrain Cymru wedi cynhyrchu iogwrt Llaeth y Llan ers yr 1980au. Maen nhw'n cynhyrchu iogwrt â sawl blas gwahanol.

Diodydd o Gymru

Mae'r rhain yn cynnwys seidr, sudd ffrwythau, te, wisgi Penderyn a chwrw Tomos Watkin.

Dŵr o Gymru

Mae dŵr potel Tŷ Nant o Fethania, Ceredigion, yn cael ei werthu mewn mwy na 40 gwlad. Dechreuodd y cwmni yn 1989 ac erbyn hyn mae eu poteli glas yn enwog ledled y byd. Maen nhw i'w gweld yn aml mewn ffilmiau a rhaglenni teledu.

Halen o Gymru

Mae Halen Môn o Ynys Môn yn gwerthu halen â gwahanol flasau. Mae'r cwmni'n gwerthu amrywiaeth o flasau gan gynnwys halen â blas fanila a halen â blas seleri.

Gweithgaredd

1 Gwnewch boster yn hysbysebu un o'r cynhyrchion sy'n cael eu nodi ar y dudalen hon. Bydd angen i chi feddwl am slogan 'bachog' ar gyfer y cynnyrch.

2 HER: Pam mae'r cwmnïau sy'n cael eu nodi ar y dudalen hon wedi llwyddo? Sut maen nhw'n hysbysebu eu cynnyrch?

Cymru

Ble mae pobl yn gweithio yng Nghymru?

Gwaith newydd ... diddorol ... cyffrous!

Mae'r mathau o waith mae pobl yng Nghymru yn ei wneud yn newid. Dyma rai enghreifftiau.

Paneli solar

Yn y blynyddoedd diwethaf, mae cwmnïau sy'n cynhyrchu a gosod paneli solar wedi cael eu sefydlu yng Nghymru. Maen nhw'n gosod paneli solar ar dai ac adeiladau eraill. Mae pobl sydd â phaneli solar ar eu hadeiladau yn gallu gwerthu trydan i'r grid cenedlaethol.

Porth Y Rhath, stiwdios drama newydd BBC Cymru Wales ym Mhorth Teigr, Bae Caerdydd

Ffilm a theledu

Mae'r diwydiant ffilm a theledu yn ddiwydiant pwysig yng Nghymru heddiw. Mae rhaglenni fel Pobol y Cwm, *Dr Who, Casualty* a *Holby City* yn cael eu ffilmio mewn stiwdio newydd sydd gan y BBC ym Mae Caerdydd. Mae llawer o bobl yn gweithio yn y stiwdio newydd. Weithiau mae Tardis Dr Who yn cael ei weld mewn mannau poblogaidd yng Nghaerdydd fel Canolfan y Mileniwm. **www.porthteigr.com/cy/hafan**

Gweithgaredd

1 Awgrymwch resymau pam mae paneli solar yn gallu bod yn beth da.
2 Pam mae Caerdydd yn lleoliad da ar gyfer stiwdio deledu?
3 HER: Ceisiwch ddarganfod enwau ffilmiau sydd wedi cael eu ffilmio'n rhannol neu'n gyfan gwbl yng Nghymru.

Cymru

Ble mae pobl yn gweithio yng Nghymru?

Y diwydiant awyrennau

Mae ffatri *Airbus* ym Mrychdyn yng ngogledd-ddwyrain Cymru yn gwneud adenydd ar gyfer awyrennau. Mae tua 6,000 o bobl yn gweithio yno.

Ardaloedd menter

Mae llawer o ddiwydiant Cymru wedi'i leoli ar hyd coridor yr M4 er mwyn bod yn agos at y draffordd, Lloegr a gwledydd eraill. Hefyd roedd y llywodraeth yn rhoi grantiau i gwmnïau a fyddai'n sefydlu yno. Mae'r llywodraeth yn ceisio gwneud rhywbeth tebyg heddiw. Er mwyn ceisio cael cwmnïau i leoli yng Nghymru maen nhw wedi rhoi arian ar gyfer creu 5 ardal fenter yng Nghymru.

Y 5 ardal fenter yw:
- Ynys Môn: Egni
- Caerdydd: Gwasanaethau Ariannol
- Glannau Dyfrdwy: Gweithgynhyrchu Uwch
- Glyn Ebwy: Gweithgynhyrchu Uwch
- Sain Tathan: Awyrofod

Gweithgaredd

HER: Beth sydd ei angen wrth leoli ffatri awyrennau fawr fel yr un ym Mrychdyn?

Gweithgaredd

1 Gwnewch arolwg o swyddi yn eich ardal leol. Pa swyddi sy'n fwyaf cyffredin? Pam?
2 HER: Dychmygwch eich bod yn cychwyn busnes newydd. Pa fusnes y byddech chi'n ei ddewis? Ble fyddech chi'n lleoli'r busnes? Rhowch eich rhesymau.

Cymru

Beth yw'r parciau cenedlaethol yng Nghymru?

Beth yw parc cenedlaethol?

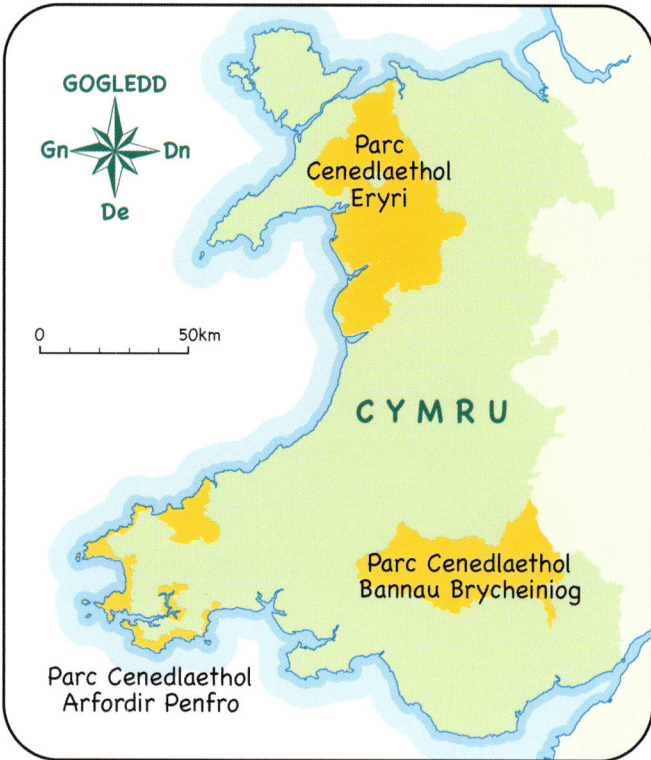

GOGLEDD
Gn — Dn
De

0   50km

Parc Cenedlaethol Eryri

C Y M R U

Parc Cenedlaethol Bannau Brycheiniog

Parc Cenedlaethol Arfordir Penfro

Parc sydd wedi ei greu gan lywodraeth gwlad yw parc cenedlaethol. Pwrpas parciau cenedlaethol yw gofalu am yr amgylchedd. Mae llawer o barciau cenedlaethol yn y byd.

Tal-y-llyn, Eryri

Beicio ym Mannau Brycheiniog

Rhai o nodweddion parc cenedlaethol yw: trefi cefn gwlad, mynyddoedd, amrywiaeth helaeth o blanhigion ac anifeiliaid, afonydd, ogofâu, golygfeydd amrywiol, coedwigoedd, cestyll, bryniau a rhaeadrau.

Mae'r 3 pharc cenedlaethol yng Nghymru yn gorchuddio dros 20% o arwynebedd tir Cymru.

Bae Barafundle, Arfordir Penfro

Gweithgaredd

1 Edrychwch ar y map a disgrifiwch leoliad parciau cenedlaethol Cymru.
2 Gan ddefnyddio'r strategaeth 'partneriaid siarad', nodwch yr hyn rydych chi'n ei wybod am barciau cenedlaethol Cymru. Beth maen nhw'n ceisio ei wneud?
3 HER: Ymchwiliwch i leoliad parc cenedlaethol mewn gwlad arall a'r hyn sy'n digwydd yno, e.e. yn UDA (e.e. Parc Cenedlaethol Yellowstone) neu yn Botswana (gweler Lleoliadau Cyferbyniol: Golwg ar... Botswana). Cymharwch y parc cenedlaethol hwn ag un o'r parciau cenedlaethol yng Nghymru.

Cymru

Beth yw'r parciau cenedlaethol yng Nghymru?

Parc Cenedlaethol Eryri

Lili'r Wyddfa (*Lloydia serotina*)

Trên Rheilffordd yr Wyddfa yn cyrraedd y copa

Mae Parc Cenedlaethol Eryri yn ymestyn dros 840 o filltiroedd sgwâr neu 2,171 km sgwâr. Mae'n ymestyn o Fae Ceredigion yn y gorllewin i Ddyffryn Conwy yn y dwyrain ac o Afon Dyfi yn y de i arfordir Bae Conwy yn y gogledd. Mae mynydd uchaf Cymru ym Mharc Cenedlaethol Eryri. Enw'r mynydd hwn yw'r Wyddfa a'i uchder yw 1085m. Mae Lili'r Wyddfa yn blanhigyn alpaidd prin sydd i'w gael ar yr Wyddfa ac yn yr ardal gyfagos yn unig.

Prisiau Tocynnau Rheilffordd yr Wyddfa

	Llanberis-copa – dwyffordd	Llanberis-copa – unffordd	Llanberis- Clogwyn* – dwyffordd	Llanberis- Clogwyn* – unffordd
Oedolyn	£27.00	£20.00	£21.00	£17.00
Plentyn	£18.00	£15.00	£13.00	£11.00
Oedolyn anabl	£24.00	£17.00	£18.00	£14.00
Plentyn anabl	£15.00	£12.00	£10.00	£8.00

(* Clogwyn – hanner ffordd i fyny'r Wyddfa)   www.snowdonrailway.co.uk/times_prices.php

Hafod Eryri

Gweithgaredd

1 Edrychwch ar y lluniau a'r wybodaeth ar y dudalen hon a chwiliwch am fwy o wybodaeth ar wefan Parc Cenedlaethol Eryri. Paratowch lyfryn sy'n dangos gwybodaeth ddiddorol am Barc Cenedlaethol Eryri.

2 Edrychwch ar y tabl uchod. Faint bydd teulu sydd â 2 oedolyn, 1 plentyn anabl a 2 blentyn arall yn ei dalu i fynd o Lanberis i'r copa ac yn ôl eto i Lanberis? Meddyliwch am ragor o gwestiynau yn seiliedig ar y tabl, yna gofynnwch i'ch partner ateb eich cwestiynau.

Cymru
Beth yw'r parciau cenedlaethol yng Nghymru?

BRECON BEACONS
NATIONAL PARK

Parc Cenedlaethol Bannau Brycheiniog

Mae Parc Cenedlaethol Bannau Brycheiniog yn ymestyn 15 milltir (24 km) o'r gogledd i'r de a 45 milltir (72 km) o'r gorllewin i'r dwyrain. Mae'n cynnwys pedair cadwyn o fynyddoedd. Mae'r enw'n dod o'r gadwyn ganolog a'r uchaf, sef y Bannau Brycheiniog eu hunain. Yno mae'r man uchaf sef Pen y Fan (886m). Y tair cadwyn arall yw'r Mynydd Du, y Fforest Fawr a'r Mynyddoedd Duon.

Y Gelli
Llanymddyfri
Talgarth
Aberhonddu
Y Mynyddoedd Duon
Y Mynydd Du
Bannau Canolog
Fforest Fawr
Crug Hywel
Ystradgynlais
Merthyr Tudful
GOGLEDD
Gn — Dn
De
Caerdydd
0   25km

Pen y Fan

Mae mwy na 32,000 o bobl yn byw yn y Parc Cenedlaethol. Mae tua 48% o'r bobl yn byw yn y trefi, fel Crug Hywel ac Aberhonddu.

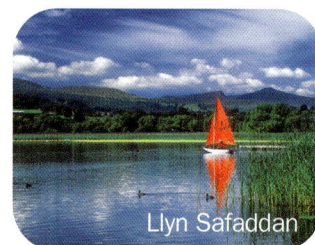

Ceffylau gwyllt

Llyn Safaddan

Gweithgaredd

1 Sut mae Parc Cenedlaethol Bannau Brycheiniog a Pharc Cenedlaethol Eryri yn debyg a sut maen nhw'n wahanol i'w gilydd? Defnyddiwch wefannau'r parciau hyn a ffynonellau eraill i'ch helpu.

2 HER: Mae'n bwysig bod parc cenedlaethol yn cadw cydbwysedd rhwng denu ymwelwyr a gofalu am yr amgylchedd. Awgrymwch reolau y dylai pobl eu dilyn wrth ymweld â pharc cenedlaethol fel y byddan nhw'n helpu i ddiogelu'r amgylchedd.

Aberhonddu

Cymru

Beth yw'r parciau cenedlaethol yng Nghymru?

Cromlech Pentre Ifan

Parc Cenedlaethol Arfordir Penfro

Mae Parc Cenedlaethol Arfordir Penfro yn ardal o harddwch arbennig yn ne-orllewin Cymru. Dyma'r unig barc cenedlaethol gwir arfordirol ym Mhrydain. Mae'n dirwedd drawiadol o glogwyni garw, traethau euraidd, aberoedd coediog a mynyddoedd gwyllt. Mae gan y Parc lawer o adar y môr, morloi a bywyd gwyllt arall.

Pentre Ifan

Cafodd Canolfan yr Urdd Pentre Ifan ei hagor yn 1992. Mae wedi'i lleoli tua 2 filltir o Drefdraeth, rhwng Aberteifi ac Abergwaun. Prif fwriad y ganolfan yw dysgu plant a phobl ifanc am yr amgylchedd. Mae'r adeilad yn hen iawn, yn dyddio'n ôl i Oes y Tuduriaid. Weithiau bydd plant a phobl ifanc sy'n mynd i aros ym Mhentre Ifan yn cael cyfle i gerdded mynyddoedd y Preseli a Charn Ingli.

Dinbych-y-pysgod

Llwybr Arfordir Sir Benfro

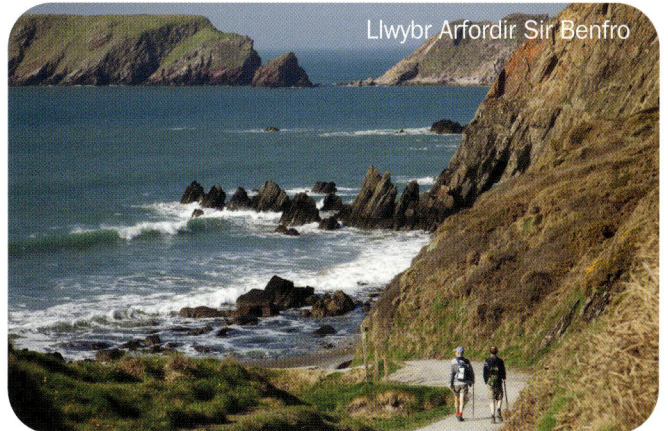

Llwybr yr Arfordir

Un peth arbennig am y Parc yw'r llwybr sy'n dilyn yr arfordir bendigedig o Lanrhath yn y de i Landudoch yn y gogledd. Wrth gerdded ar hyd y llwybr rydych yn gallu gweld llawer iawn o greigiau a chlogwyni a golyfgeydd gwych o'r traethau a'r ynysoedd cyfagos. Hyd y llwybr yw 299 km. Cafodd ei agor yn 1970.

Gweithgaredd

1 Disgrifiwch brif nodweddion a phrif atyniadau Parc Cenedlaethol Arfordir Penfro. Chwiliwch wefan y Parc i'ch helpu chi.
2 Copïwch logos y 3 pharc cenedlaethol yng Nghymru. Eglurwch ystyr y symbolau.
3 Rydych chi'n aros ym Mhentre Ifan ym mis Rhagfyr ac yn mynd i gerdded i Foel Cwm Cerwyn, y man uchaf ym mynyddoedd y Preseli. Rhestrwch y pethau y byddech chi'n eu rhoi yn eich sach deithio. Rhowch nhw yn nhrefn pwysigrwydd a rhowch resymau dros eich penderfyniadau.

Parc Cenedlaethol
Arfordir Penfro
Pembrokeshire Coast
National Park

Adar y pâl

Cymru
Beth yw'r parciau cenedlaethol yng Nghymru?

Gofalu am y parciau cenedlaethol

Mae'r parciau'n cyflogi pobl i ofalu am yr amgylchedd ac i sicrhau bod y parciau'n ddiogel ac mewn cyflwr da.

Trafnidiaeth gyhoeddus yn nhraeth Niwgwl, Sir Benfro

Mae rheoli'r bobl sy'n ymweld â pharciau cenedlaethol yn bwysig iawn. Mae pobl yn cael eu hannog i ddefnyddio cludiant cyhoeddus, fel bysiau, er mwyn lleihau defnyddio ceir. Os bydd llai o geir, ni fydd angen meysydd parcio mawr ger y traethau a'r atyniadau eraill.

Cerdded yn Eryri

Cod Cefn Gwlad

Bwriad y cod yw ceisio sicrhau y bydd pobl yn parchu cefn gwlad ac yn ei warchod. Dyma rai o reolau'r Cod Cefn Gwlad:

- cau giatiau
- cadw cŵn ar dennyn
- mynd â sbwriel gartref
- helpu i gadw dŵr yn lân
- gwarchod bywyd gwyllt, planhigion a choed
- peidio â gwneud sŵn diangen
- peidio â chyffwrdd â da byw, cnydau, offer fferm
- aros ar lwybrau cyhoeddus ar dir fferm
- defnyddio giatiau a chamfeydd i groesi ffensys, gwrychoedd a waliau

Gweithgaredd

Gan ddefnyddio'r wybodaeth ar y dudalen hon a ffotograffau a/neu luniau addas, gwnewch lyfryn sy'n dangos rhai o reolau'r Cod Cefn Gwlad.

Gofalu am y parciau cenedlaethol

Cyfweliad â warden

Ann: Diolch yn fawr am gytuno i gael eich cyfweld.

Warden: Croeso. Rwy'n ffodus i weithio fel Warden Parc Cenedlaethol.

Ann: Beth yn union yw eich gwaith felly?

Warden: Fy ngwaith yw gofalu am bawb sy'n byw yn y parc, pawb sy'n gweithio yno a phawb sy'n ymweld â'r parc.

Ann: Sut byddwch chi'n gwneud hynny?

Warden: Yn ystod yr haf byddaf yn arwain teithiau cerdded i oedolion a phlant ysgol yn y parc. Yn ystod y gaeaf byddaf yn atgyweirio llwybrau cerdded a giatiau.

Ann: Sut mae cerddwyr yn gallu helpu i ofalu am y llwybrau a'r parc?

Warden: Mae'n bwysig bod y cerddwyr yn cerdded ar y llwybrau er mwyn gwarchod planhigion a pheidio â difetha'r tirwedd a'r amgylchedd. Mae'n bwysig bod pawb yn cau'r giatiau rhag ofn i'r anifeiliaid fel defaid ddianc a chael niwed.

Ann: Diolch yn fawr iawn. Rydw i wedi dysgu llawer am waith warden.

Problemau yn y parc – cynllunio

Mae'n anodd adeiladu tai newydd mewn parc cenedlaethol oherwydd rheolau llym y parc. Beth am deuluoedd ifanc sydd am adeiladu tai yn eu hardaloedd lleol fel na fyddan nhw'n gorfod symud i ffwrdd?

Grŵp o blant gyda warden

Mwynhau mewn parc cenedlaethol

Gweithgaredd

HER: Darllenwch y cyfweliad â Warden Parc Cenedlaethol sydd i'w weld ar y dudalen hon. Yna ysgrifennwch ddyddiadur warden yn disgrifio'r gwaith mae wedi bod yn ei wneud.

Gweithgaredd

HER: Mae cwmni eisiau adeiladu parc gwyliau yng nghanol un o'r parciau cenedlaethol yn cynnwys 80 bwthyn pren, pwll nofio, canolfan antur, llwybrau beicio, llwybrau cerdded, 3 thŷ bwyta ac 1 siop fwyd fach. Bydd y datblygiad hwn yn creu 100 o swyddi. Rhestrwch ddadleuon o blaid y datblygiad a dadleuon yn erbyn y datblygiad. Rydych chi'n aelod o bwyllgor cynllunio'r sir. Beth fydd eich penderfyniad?

Cymru

Pam mae pobl yn ymweld â Chymru?

Beicio mynydd

Pam mae'r diwydiant twristiaeth yn bwysig i Gymru?

Mae'r diwydiant twristiaeth yn bwysig iawn i economi Cymru. Mae twristiaeth yn rhoi gwaith i tua 10% o'r gweithlu yng Nghymru. Mae ymwelwyr yn gwario tua £9 miliwn y dydd ar wyliau yng Nghymru, sy'n gwneud cyfanswm o £3.3 biliwn y flwyddyn.

Biwmares, Ynys Môn

Castell Conwy

Porthdinllaen, Penrhyn Llŷn

Mae llawer o bobl yn dod ar wyliau i Gymru. Mae mwy na miliwn o ymwelwyr o wledydd tramor yn dod i Gymru ar wyliau bob blwyddyn. Daw'r mwyafrif o'r ymwelwyr o Weriniaeth Iwerddon, UDA a'r Almaen.

Pam mae pobl yn dod i Gymru? Mae Cymru yn wlad hardd sydd â llawer o hanes diddorol a llawer o atyniadau naturiol a dynol.
www.visitwales.com

Gweithgaredd

1 Eglurwch pam mae'r diwydiant twristiaeth yn bwysig yng Nghymru. Chwiliwch am wybodaeth a data fydd yn cefnogi eich ateb.

2 Pam byddai ymwelwyr yn ymweld â'ch ardal leol chi? Disgrifiwch beth sydd yno i'w denu nhw a beth allan nhw ei wneud yno.

Cymru

Pam mae pobl yn ymweld â Chymru?

Ble mae ymwelwyr yn aros?

Gwyliau gwersylla neu mewn carafan

Mae rhai pobl yn mynd i wersylla, naill ai mewn gwersyllfa neu ar dir fferm. Mae pobl eraill yn aros mewn carafan.

Gwersyllfa ger Bae'r Tri Chlogwyn, Abertawe

Gwyliau mewn gwesty

Mae rhai pobl yn hoffi aros mewn gwestai gyda phwll nofio neu sba.

Gwesty ger Pier Llandudno

Gwyliau gwely a brecwast/ hunanarlwyo

Mae rhai ymwelwyr yn hoffi aros mewn llety gwely a brecwast ar wyliau yng Nghymru. Mae pobl eraill yn aros mewn bwthyn neu dŷ lle maen nhw'n gwneud eu bwyd eu hunain.

Gweithgaredd

1. Tynnwch luniau i ddangos y gwahanol fathau o lety lle mae pobl yn aros pan fyddan nhw ar wyliau yng Nghymru. Labelwch eich lluniau.
2. Rhestrwch y gwestai yn eich ardal leol. Rhestrwch fathau eraill o lety lle mae pobl sy'n ymweld â'ch ardal yn gallu aros.
3. Ble fyddech chi'n dewis mynd ar wyliau yng Nghymru? Ble fyddech chi'n aros tra byddech chi yno? Rhowch resymau dros eich ateb.

Cymru

Pam mae pobl yn ymweld â Chymru?

Beth mae ymwelwyr yn ei wneud ar wyliau yng Nghymru?

Mae ymwelwyr yn gwneud llawer o bethau gwahanol ar wyliau yng Nghymru.

Parc Thema Oakwood

Llwybr Arfordirol Ynys Môn

Atyniadau

Mae gwahanol fathau o atyniadau yng Nghymru ar gyfer gwahanol ymwelwyr, e.e. cestyll ac adeiladau hanesyddol eraill, gwarchodfeydd natur, parciau a gerddi, amrywiaeth o draethau a threfi glan-môr, Amgueddfa Werin Cymru yn Sain Ffagan, *Techniquest* yng Nghaerdydd, ogofâu Dan-yr-Ogof, Parc Thema Oakwood, Amgueddfa Lofaol yn Big Pit, Amgueddfa Lechi yn Llanberis, Rheilffordd Ffestiniog, Sw Môr Môn a llawer, llawer mwy.

Gwyliau cerdded

Mae rhai pobl yn mwynhau gwyliau cerdded. Mae llawer o lwybrau cerdded yng Nghymru ar yr arfordir ac yng nghefn gwlad. Mae hyd yn oed yn bosibl cerdded o amgylch arfordir Cymru gyfan!

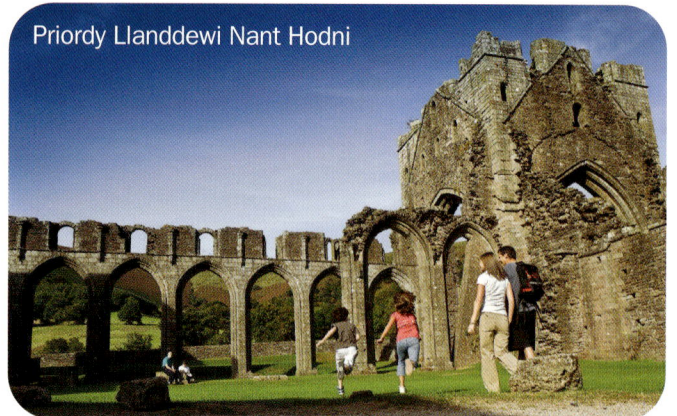

Priordy Llanddewi Nant Hodni

Sw Môr Môn

Sain Ffagan

Techniquest

Gweithgaredd

Awgrymwch leoedd yn eich ardal leol fyddai'n addas ar gyfer pobl sy'n mwynhau gwyliau cerdded. Rhowch resymau dros eich atebion.

Cymru

Pam mae pobl yn ymweld â Chymru?

Beth mae ymwelwyr yn ei wneud ar wyliau yng Nghymru?

Gwyliau antur a chwaraeon

Mae rhai pobl yn hoffi dod i Gymru i wneud gweithgareddau fel syrffio, bordhwylio, rafftio dŵr gwyn, caiacio, canŵio a hwylio. Rydym yn galw campau o'r fath yn gampau eithafol. Mae ymwelwyr yn mynd i leoedd fel Canolfan Tŵr-y-Felin ar arfordir Sir Benfro a Chanolfan Tryweryn yn y Bala i wneud y gweithgareddau hyn.

Camp eithafol arall yw arfordiro – gwisgo siŵt wlyb, helmed a hen bâr o esgidiau ymarfer ac yna nofio, dringo a neidio oddi ar y clogwyni.

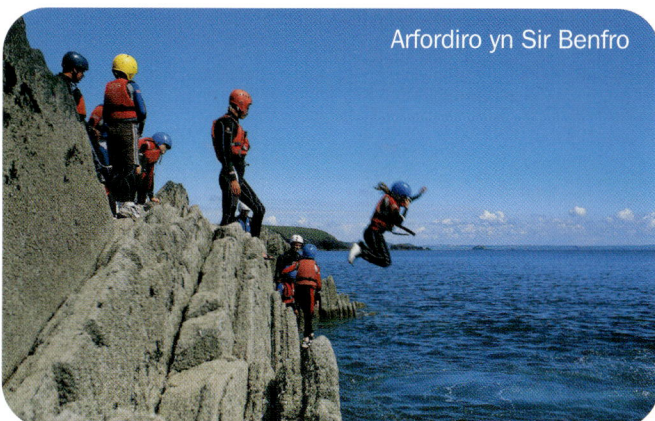

Arfordiro yn Sir Benfro

Gwyliau beicio

Mae llawer o lwybrau beicio yng Nghymru. Mae pobl yn gallu beicio mynydd trwy goedwigoedd mewn gwahanol fannau yng Nghymru, fel Canolfan Coed y Brenin ger Dolgellau neu Fwlch Nant yr Arian ger Aberystwyth.

Coed y Brenin

Mae ymwelwyr eraill yn hoffi aros mewn canolfan wyliau fel Parc Bluestone yn ne Sir Benfro.

Gweithgaredd

1 Rhestrwch gwahanol fathau o wyliau antur/chwaraeon sydd ar gael yng Nghymru a rhowch enghreifftiau o leoedd sy'n cynnig y mathau hyn o wyliau.
2 HER: Gwnewch ymchwil i gasglu mwy o wybodaeth am un o'r canolfannau gwyliau sy'n cael eu nodi ar y dudalen hon neu sydd wedi'u cynnwys ar eich rhestr chi. Yna gwnewch boster yn hysbysebu'r gwyliau hynny.

Cymru

Pam mae pobl yn ymweld â Chymru?

Beth mae ymwelwyr yn ei wneud ar wyliau yng Nghymru?

Llandudno

Gwyliau yn y brifddinas

Mae rhai pobl yn hoffi mynd ar wyliau i'r brifddinas yng Nghaerdydd.

Glan y môr

Mae pobl yn mwynhau ymweld â thraethau ac arfordir Cymru. Mae llawer o'r trefi glan-môr yng Nghymru fel Y Rhyl, Llandudno, Aberystwyth, Dinbych-y-pysgod a'r Barri yn boblogaidd iawn.

Ynys y Barri

Ymwelwyr yn cyrraedd Ynys Skomer

Manteision ac anfanteision ymwelwyr

Po fwyaf o ymwelwyr sy'n dod i Gymru, y mwyaf o arian sy'n dod i'r wlad. Ond hefyd po fwyaf o ymwelwyr sy'n dod i Gymru, y mwyaf o broblemau maen nhw'n gallu eu hachosi, e.e. creu difrod yng nghefn gwlad a phroblemau traffig. Felly mae'n bwysig ceisio sicrhau na fydd ymwelwyr yn difrodi'r union leoedd maen nhw'n mwynhau ymweld â nhw.

Ynys Skomer

Mae'r ynys yn Warchodfa Natur. Mae cwch yn dod ag ymwelwyr i'r ynys yn yr haf. Mae Parc Cenedlaethol Arfordir Penfro yn rheoli nifer y bobl sy'n mynd i'r ynys bob dydd yn yr haf. Maen nhw'n gofalu am fywyd gwyllt yr ynys wrth wneud hyn.

Gweithgaredd

1 Awgrymwch resymau pam mae rhai ymwelwyr yn hoffi cael gwyliau yn y brifddinas.
2 Awgrymwch fanteision ac anfanteision cael ymwelwyr yn dod i Gymru.

Cymru

Beth sy'n arbennig am Gymru?

urdd.org

Beth sy'n arbennig am yr Urdd?

Cafodd yr Urdd ei sefydlu yn 1922. Prif bwrpas yr Urdd ydy rhoi cyfle i blant a phobl ifanc ddysgu a chymdeithasu yn y Gymraeg. Mae symbol yr Urdd yn cynnwys tri lliw sef coch, gwyn a gwyrdd. Mae'r coch yn cynrychioli pobl (gwaed), mae'r gwyn yn cynrychioli heddwch ac mae'r gwyrdd yn cynrychioli'r wlad.

Mae'r Urdd yn cynnig dewis eang o weithgareddau sy'n cynnwys:
- clybiau/aelwyd bob wythnos
- chwaraeon, e.e. rygbi, pêl-droed, gymnasteg, nofio ac athletau
- cystadlu mewn eisteddfod, e.e. dawnsio, canu, llefaru, perfformio, celf a chrefft
- gweithgareddau hamdden yng ngwersylloedd yr Urdd yn Llangrannog, Glan-llyn, Pentre Ifan a Chaerdydd
- gwaith gwirfoddol dramor a chyfarfod â phlant a phobl ifanc o wledydd eraill

CHWARAEON YR URDD
urdd.org/chwaraeon

Plant yn cystadlu yng ngala nofio'r Urdd

Bob blwyddyn ar 18 Mai mae'r Urdd yn cyhoeddi Neges Heddwch ac Ewyllys Da Plant Cymru i'r Byd. Yn 2012, fe wnaeth pobl ifanc o Eryri gyflwyno'r neges ar gopa'r Wyddfa.

Gweithgaredd

1 Lluniwch bamffled sy'n dangos rhai o'r pethau y gallwch eu gwneud os ydych yn aelod o'r Urdd. Cofiwch gynnwys rhai o'r gweithgareddau sy'n digwydd yn eich ardal chi.
2 Awgrymwch resymau pam mae'r Urdd yn cyflwyno neges ewyllys da bob blwyddyn.

Beth sy'n arbennig am Gymru?

Beth sy'n arbennig am y Senedd?

Mae'r Senedd yn gartref i Siambr ac Ystafelloedd Pwyllgora Cynulliad Cenedlaethol Cymru. Cafodd y Senedd ei hagor yn 2006. Mae Cynulliad Cenedlaethol Cymru yn gyfrifol am wneud penderfyniadau pwysig.

Y siambr ddadlau gron yn y Senedd

Meysydd y Cynulliad

Diwylliant	Priffyrdd a thrafnidiaeth	Lles cymdeithasol	Y Gymraeg
Datblygu economaidd	Iechyd a gwasanaethau iechyd	Chwaraeon a hamdden	Cynulliad Cenedlaethol Cymru
Addysg a hyfforddiant	Y gwasanaeth tân ac achub a diogelwch tân	Twristiaeth	Henebion ac adeiladau hanesyddol
Yr amgylchedd	Llywodraeth leol	Cynllunio gwlad a thref	Amaethyddiaeth, coedwigaeth, anifeiliaid, planhigion a datblygu gwledig
Bwyd	Gweinyddiaeth gyhoeddus	Dŵr ac amddiffyn rhag llifogydd	Tai

Agorwyd y Senedd yn 2006

Gweithgaredd

1 Beth yw enw Aelod y Cynulliad sy'n cynrychioli eich ardal chi?
2 Disgrifiwch dri o'r meysydd mae Cynulliad Cenedlaethol Cymru yn gyfrifol amdanyn nhw.
3 RHYNGWEITHIOL: Rhestrwch y meysydd yn y tabl uchod yn nhrefn pwysigrwydd yn eich barn chi. Eglurwch eich penderfyniadau.

Cymru

Beth sy'n arbennig am Gymru?

Ydy Cymru yn wlad amlddiwylliannol?

Amin yw fy enw i. Rydw i'n byw yn ardal Butetown yng Nghaerdydd. Rydw i'n Fwslim ac yn cefnogi tîm rygbi Cymru. Fy hoff beth am Gymru ydy'r cestyll.

Fy enw i ydy Sian a dwi'n byw ym Mhrestatyn yng ngogledd-ddwyrain Cymru. Mae taid a nain a'r rhan fwyaf o'm perthnasau yn byw ym Mhrestatyn ond mae gennyf hefyd nain yn Trinidad, sef cartref fy nhad. Fy hoff bethau am Gymru ydy'r golygfeydd trawiadol, y bywyd gwyllt a'r bobl.

Fy enw i yw Simeon. Rwy'n Iddew ac yn byw yn Abertawe. Fy hoff bethau am Gymru ydy'r traethau gwych, tîm pêl-droed Abertawe a'm ffrindiau.

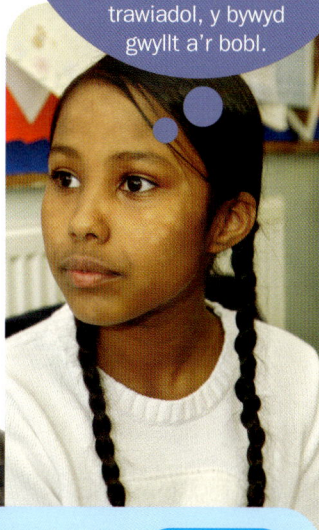

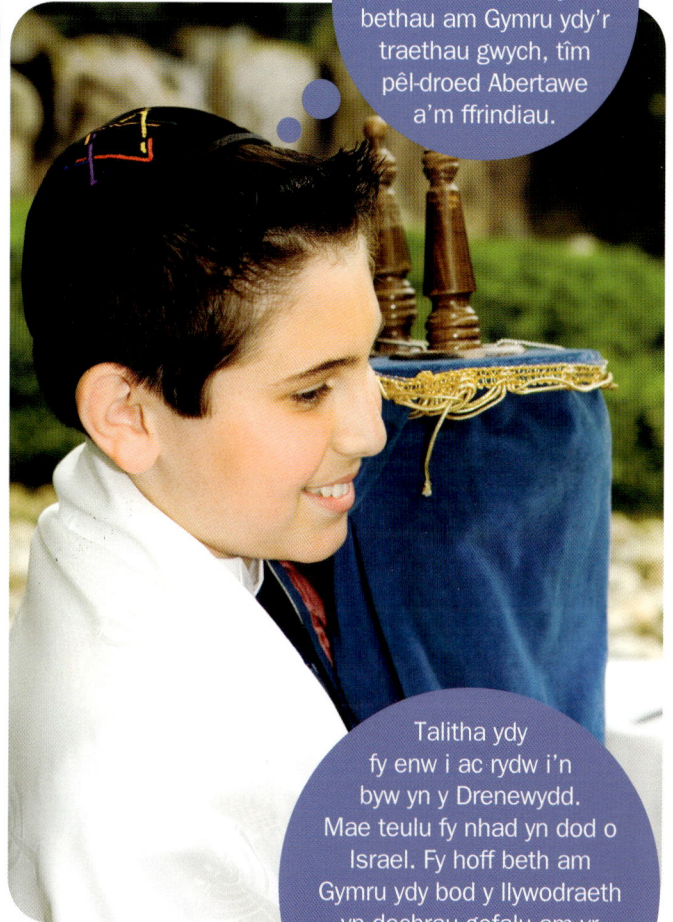

Talitha ydy fy enw i ac rydw i'n byw yn y Drenewydd. Mae teulu fy nhad yn dod o Israel. Fy hoff beth am Gymru ydy bod y llywodraeth yn dechrau gofalu am yr amgylchedd drwy ofyn i bobl ailgylchu ac ailddefnyddio popeth.

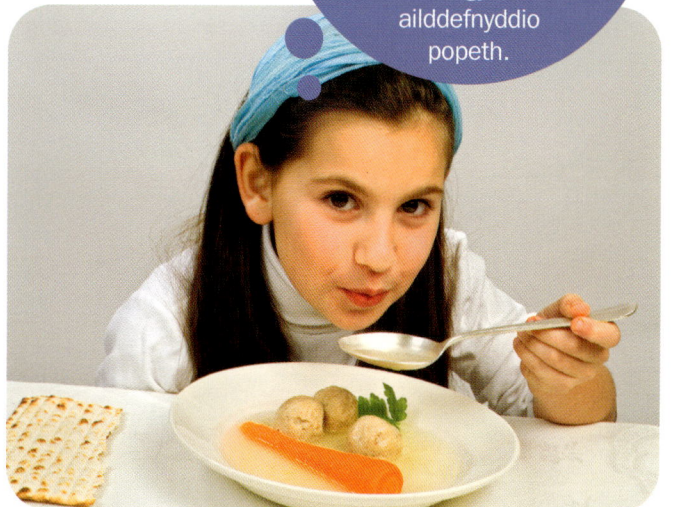

Gweithgaredd

1 Darllenwch yr hyn mae'r 4 plentyn sy'n cael eu dangos ar y dudalen hon yn ei ddweud amdanyn nhw eu hunain ac am Gymru. Beth mae hyn yn ei ddangos am Gymru?

2 Awgrymwch 10 peth sy'n bwysig am Gymru yn eich barn chi? Rhowch resymau dros eich atebion.

3 HER. Anfonwch neges e-bost at ffrind mewn gwlad arall yn disgrifio eich ardal leol a Chymru. Yn eich neges e-bost rhowch ffeithiau diddorol am Gymru, gan ddweud wrth eich ffrind beth mae Cymru yn ei olygu i chi.

4 HER: Gwnewch ymchwil gartref i ddarganfod o ba ardaloedd neu wledydd y daeth eich rhieni a'ch teidiau a'ch neiniau.

Cymru
Pa fath o egni sydd yng Nghymru?

Sut mae Cymru yn cael ei hegni?

Mae dau fath o ffynonellau egni:
1 Ffynonellau anadnewyddadwy, fel glo, nwy ac olew sy'n mynd i ddod i ben ryw ddydd.
2 Ffynonellau adnewyddadwy fel gwynt, solar a dŵr fydd byth yn dod i ben.

Egni gwynt

Egni gwynt
Mae pŵer y gwynt yn troi llafnau'r tyrbin. Wrth i'r llafnau symud, mae trydan yn cael ei gynhyrchu. Mae ffermydd gwynt yn cael eu hadeiladu mewn ardaloedd uchel ac agored. Mae rhai ffermydd gwynt wedi cael eu hadeiladu yn y môr, e.e. ger Y Rhyl yng ngogledd-ddwyrain Cymru.

Egni glo: Gorsaf Bŵer Aberddawan

Egni biomass: Gwaith egni biomass, Margam

Egni solar: Talgarth

44

Cymru
Pa fath o egni sydd yng Nghymru?

Sut mae Cymru yn cael ei hegni?

Egni trydan dŵr: Nant-y-Moch, Aberystwyth

Egni nwy: Gorsaf Bŵer Penfro

Mae rhai pobl yn anghytuno â rhai ffynonellau egni. Pam?

- Maen nhw'n galw ffynonellau egni fel olew, glo a nwy yn ffynonellau egni gwael/brwnt/budr.
- Maen nhw'n galw ffynonellau egni fel y gwynt, yr haul a'r tonnau yn ffynonellau egni glân/gwyrdd. Dydy'r ffynonellau egni hyn ddim yn cynyddu lefelau CO_2 yn yr aer. Maen nhw'n cael eu galw hefyd yn egni carbon isel.

Gweithgaredd

1 Rhestrwch a disgrifiwch y gwahanol fathau o ffynonellau egni yng Nghymru.

2 Rhowch y gwahanol ffynonellau egni mewn 2 restr dan y teitlau ffynonellau anadnewyddadwy a ffynonellau adnewyddadwy.

3 HER: Gwnewch arolwg o'r ffynonellau egni sy'n cael eu defnyddio yng nghartrefi'r disgyblion yn eich dosbarth chi. Gwnewch graffiau neu siartiau i ddangos eich canlyniadau.

Cymru
Pa fath o egni sydd yng Nghymru?

Ydy ffynonellau egni Cymru yn newid?

Egni niwclear

Mae Atomfa'r Wylfa ar Ynys Môn yn cynhyrchu trydan drwy ddefnyddio proses niwclear. Mae atomfa yn Nhrawsfynydd yng Ngwynedd wedi cau.

Egni niwclear: Atomfa'r Wylfa

Mae gan Lywodraeth Cymru gynllun i gynyddu egni adnewyddadwy. Maen nhw'n bwriadu cynhyrchu mwy o 'egni gwyrdd' o bŵer gwynt, solar a thonnau. Maen nhw'n bwriadu datblygu mwy o ffermydd gwynt.

Mae Llywodraeth Cymru yn bwriadu gwneud Ynys Môn yn ardal fenter egni. Bydd ffermydd gwynt newydd yn cael eu hadeiladu ar y tir ac yn y môr. Hefyd gallai atomfa newydd gael ei hadeiladu yn yr Wylfa yn y dyfodol.

Gweithgaredd

Mae rhai pobl eisiau i atomfa newydd gael ei hadeiladu yng Nghymru. Awgrymwch resymau pam gallai hyn fod yn beth da i Gymru. Awgrymwch resymau pam gallai hyn fod yn beth gwael i Gymru.

Tan 8

Mae Tan 8 yn gynllun arall gan Lywodraeth Cymru i gynhyrchu egni 'gwyrdd' adnewyddadwy.

- Bydd nifer o ffermydd gwynt yn cael eu hadeiladu yng nghanolbarth Cymru ac yn ne Cymru.
- Bydd gwifrau pŵer yn cael eu hadeiladu i symud y trydan o'r ffermydd gwynt.
- Bydd trydan yn cael ei gyflenwi i rannau eraill o'r DU.
- Mae rhai pobl yn gwrthwynebu Tan 8. Maen nhw'n credu bydd tyrbinau gwynt a gwifrau yn amharu ar y golygfeydd.

Gweithgaredd

1. Awgrymwch ddadleuon o blaid cynlluniau fel y Cynllun Tan 8. Awgrymwch ddadleuon yn erbyn cynlluniau fel y Cynllun Tan 8.
2. Dychmygwch mai chi sy'n gyfrifol am wneud y penderfyniad terfynol ynglŷn â'r cynlluniau hyn. Beth fydd eich penderfyniad a pham?
3. HER: Mae'r llywodraeth yn bwriadu adeiladu fferm wynt fawr yn eich ardal leol. Ysgrifennwch lythyr at y Cynulliad yn rhoi eich barn am y fferm wynt hon.

Pam mae angen i ni wneud Cymru yn wlad gynaliadwy?

Wrth wneud Cymru yn gynaliadwy rydyn ni'n gofalu am yr amgylchedd a'r adnoddau fel y bydd digon o adnoddau ar gael i bobl yn y dyfodol. Wrth wella gwasanaethau nid ydym yn gwastraffu na gorddefnyddio adnoddau fel y bydd digon ar gael ar gyfer y dyfodol.

Cynllun ARBED

Mae hwn yn ceisio gwella mwy na 6000 o gartrefi yng Nghymru fel y byddan nhw'n defnyddio egni yn well. Caiff hyn ei wneud mewn gwahanol ffyrdd, e.e. uwchraddio a newid boeleri, ynysu *(insulate)* waliau, uwchraddio ffenestri, addasu'r adeiladau a rhoi cyngor ar arbed egni.

Bagiau y gellir eu hailddefnyddio

Llygredd sbwriel ar draeth

Codi tâl am fagiau plastig

Ers mis Hydref 2011 mae pobl yng Nghymru wedi gorfod talu o leiaf 5c am bob bag plastig. Bwriad y cynllun hwn yw lleihau sbwriel, gwarchod bywyd gwyllt, arbed adnoddau a lleihau newid hinsawdd.

Gweithgaredd

1 Rhestrwch ddadleuon o blaid codi tâl am fagiau plastig. Rhestrwch ddadleuon yn erbyn codi tâl am fagiau plastig. Beth yw eich barn chi am y polisi hwn?
2 Beth sy'n cael ei wneud yn eich ardal chi i helpu'r ardal a Chymru i fod yn gynaliadwy?
3 Defnyddiwch 'goeden gynaliadwyedd' i restru pethau y gallwch chi eich hun eu gwneud i helpu eich ardal leol a Chymru i fod yn gynaliadwy.
4 HER: Rydych chi, fel grŵp, yn cael y cyfrifoldeb am wneud penderfyniadau ar sut i wneud eich ardal leol/Cymru yn fwy cynaliadwy. Lluniwch gyflwyniad amlgyfrwng i ddangos eich penderfyniadau a'r rhesymau dros y penderfyniadau hyn.

Cymru
Beth allai ddigwydd yn y dyfodol?

Beth allai ddigwydd yng Nghymru yn y dyfodol?

Hoffwn i weld gwell gwasanaeth trenau a bysiau yng Nghymru. Rydw i'n byw yng nghefn gwlad ac felly yn methu defnyddio trenau a bysiau oherwydd nad oes dim gwasanaeth. Rwy'n gorfod ddefnyddio'r car bob amser ac mae hynny'n gostus ac yn achosi mwy o lygredd yn yr amgylchedd a mwy o ddrwg i blanhigion ac anifeiliaid.

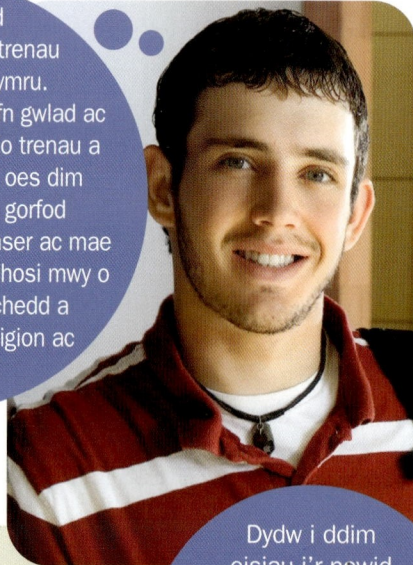

Dydw i ddim eisiau i'r newid hinsawdd ddinistrio fy nghartref a'm tref. Hoffwn i weld y llywodraeth yn gwario arian ar forglawdd newydd a wal i amddiffyn rhag y môr.

Dydw i ddim eisiau mwy o felinau gwynt yng Nghymru. Mae digon yma yn barod a dydyn nhw ddim yn cynhyrchu llawer o drydan. Hoffwn i weld atomfa newydd yn agor yng Nghymru fel bod mwy o waith i bobl Cymru.

Gweithgaredd

1 Dychmygwch sut bydd Cymru wedi newid erbyn 2050. Ystyriwch y canlynol: cludiant, y tywydd, ffordd o fyw, yr amgylchedd. Rhestrwch eich syniadau.

2 Fel dosbarth, trafodwch eich syniadau a rhestrwch nhw ar fap meddwl.

3 Rhestrwch 10 peth y byddech chi'n eu rhoi mewn capsiwl amser fyddai'n cael ei agor rywbryd yn y dyfodol i roi syniad i bobl y cyfnod hwnnw am y math o fywyd sydd yn Nghymru heddiw.

Gweithgaredd

1 Dychmygwch mai chi sy'n gyfrifol am ddatblygiad Cymru yn y dyfodol. Lluniwch gynllun gweithredu ar gyfer datblygu Cymru yn y dyfodol sy'n cynnwys ffyrdd o ddatblygu twristiaeth, helpu i ddatrys problemau teithio a diogelu'r amgylchedd. Gwnewch restr o bethau y dylid eu gwneud yn eich barn chi a rhowch eich rhesymau drostyn nhw.

2 Mewn grwpiau, trafodwch eich cynlluniau gweithredu unigol a phenderfynwch ar gynllun gweithredu eich grŵp ar gyfer datblygu Cymru yn y dyfodol.

3 Mae pob grŵp i gyflwyno ei gynllun gweithredu i weddill y dosbarth.

4 Yna, mae'r dosbarth cyfan i drafod y gwahanol gynlluniau gweithredu a phenderfynu ar gynllun gweithredu terfynol ar gyfer datblygu Cymru yn y dyfodol.